내 손안의 중국어 통역사
최소한의 여행
중국어

다락원 홈페이지 및 콜롬북스
APP에서 MP3 파일 다운로드
및 실시간 재생 서비스

내 손안의 중국어 통역사
최소한의 여행 중국어

지은이 다락원 중국어출판부
펴낸이 정규도
펴낸곳 (주)다락원

초판 1쇄 발행 2020년 2월 3일

기획·편집 정다솔, 이상윤
디자인 All Contents Group
일러스트 Kelci Jun(전경)
녹음 중국어 조홍매, 박용군 **한국어** 조영미
다락원 경기도 파주시 문발로 211
전화 (02)736-2031(내선 250~252 / 내선 430~433)
팩스 (02)732-2037
출판 등록 1977년 9월 16일 제406-2008-000007호

정가 9,800원
ISBN 978-89-277-2271-7 13720

http://www.darakwon.co.kr
다락원 홈페이지를 방문하시면 상세한 출판 정보와 함께 동영상
강좌, MP3 자료 등 다양한 어학 정보를 얻으실 수 있습니다.

내 손안의 중국어 통역사

최소한의 여행
중국어

다락원 중국어출판부 지음 | 전긍 감수

다락원

낯선 나라로 떠나는 여행이 주는 기분 좋은 떨림이 있습니다. 익숙한 일상에서 벗어나 새로운 문화를 접하고 생경한 풍경을 보고 느낄 때 경험할 수 있는 소중한 감정입니다. 하지만 말이 통하지 않는다는 걱정 때문에 마음 한 구석에 불안감이 자리하고 있는 것도 사실이죠. 가까운 이웃 나라이자 같은 한자 문화권인 중국으로 여행을 떠날 때에도 이 걱정은 예외가 아닙니다. 이런 걱정을 줄이고 중국 여행을 100% 즐길 수 있도록 돕고 싶은 마음을 담아 『최소한의 여행 중국어』를 펴냅니다.

이 책의 파트 01에는 여행지에서 꼭 필요한 핵심 표현 20개가 소개되어 있습니다. 엄선된 핵심 패턴을 숙지하면, 상황에 따라 단어를 바꿔 넣는 것만으로 원하는 문장을 만들 수 있도록 구성했습니다. 각 챕터의 핵심 패턴과 제시된 치환 표현을 꼼꼼히 익히면 여행지에서의 자신감이 한층 상승할 것입니다.

파트 02에서는 상황별로 유용하게 사용되는 핵심 문장 24개를 그림과 함께 제시합니다. 여행 중 맞닥뜨리게 되는 다양한 상황을 미리 상상해 보며 문장을 익히세요.

파트 03에는 딱 필요한 핵심 부록을 담았습니다. 공항, 호텔, 식당, 관광지 등으로 섹션을 구분하여 자주 쓰이는 단어를 정리해 두었으니 여행지 미니 단어장처럼 유용하게 사용하세요.

서투른 발음일지라도 내가 연습해 건넨 한마디가 현지에서 통할 때의 그 짜릿한 기분을 이 책의 독자들이 꼭 경험하게 되길 바라며, 『최소한의 여행 중국어』와 함께 즐거운 중국 여행하시길 기원합니다.

다락원 중국어출판부

5

● 중국 中国 Zhōngguó 쭝궈 China

중국의 공식 국명은 중화인민공화국(中华人民共和国 Zhōnghuá Rénmín Gònghéguó 쭝화 런민 꽁허궈)입니다. 줄여서 중국이라고 부르지요. 빨간 바탕에 노란 별 다섯 개가 그려진 중국의 국기는 오성홍기(五星红旗 Wǔxīng Hóngqí 우싱 훙치)입니다. 수도는 베이징(北京 Běijīng 베이찡)이며, 한국과의 시차는 1시간으로 한국보다 1시간 느립니다.

중국은 세계에서 네 번째로 넓은 영토를 자랑합니다. 약 960만km²로 한반도의 44배에 해당하는 넓이입니다. 인구는 13억 명이 훨씬 넘는 것으로 집계됩니다. 중국은 다민족 국가로 인구의 약 92%를 차지하는 한족(汉族 Hànzú 한주)과 그 외의 55개 민족으로 구성되어 있습니다.

● 중국어 汉语 Hànyǔ 한위 Chinese

중국 사람들은 중국어를 汉语 Hànyǔ 한위라고 합니다. 중국 전체 인구의 약 92%를 차지하는 한족의 언어라는 뜻입니다. 하지만 땅이 넓은 중국에서 각 지역의 방언은 서로 소통이 어려울 정도로 차이가 큽니다. 의사소통의 불편을 줄이고자 중국 국가가 표준 중국어를 제정하였고, 이를 보통화라고 합니다. 중국어로는 普通话 Pǔtōnghuà 푸통화라고 합니다. 우리가 배우는 중국어가 바로 이 보통화입니다.

- **간체자** 简体字 jiǎntǐzì 지엔티쯔 Simplified Chinese Character

현재 중국에서는 복잡한 한자를 쓰기 쉽도록 간략하게 만든 글자를 사용합니다. 이를 간체자라고 하는데, 우리나라에서 사용하는 한자와 동일한 형태도 있고, 그렇지 않은 형태도 있습니다.

우리나라에서 사용하는 한자		간체자
韓國	→	韩国
中國	→	中国

- **한어병음** 汉语拼音 Hànyǔ Pīnyīn 한위 핀인 Chinese Phonetic Alphabets

뜻글자인 한자의 발음을 표기하기 위해 한어병음을 사용합니다. 한어병음은 성모와 운모를 나타내는 로마자와 성조를 나타내는 성조 부호로 구성됩니다. 한어병음에 사용하는 로마자는 중국어의 발음을 나타내기 위해 사용된 것으로 우리에게 익숙한 영어식 발음과는 차이가 있습니다.

国의 한어병음

• 성모

음절의 시작 소리가 성모입니다. 중국어에는 모두 21개의 성모가 있습니다.

bā	méi	jiǎn	zhòng

• 운모

음절에서 성모를 제외한 나머지 부분이 운모입니다. 중국어에는 모두 36개의 운모가 있는데, 그중 6개를 기본 운모라 하고, 이 기본 운모들이 합쳐져 소리 나는 것을 결합 운모라 합니다.

bā	méi	jiǎn	zhòng

• 성조

소리의 높낮이가 성조입니다. 표준 중국어에는 **제1성, 제2성, 제3성, 제4성**으로 이루어진 네 개의 기본 성조가 있고, 기본 성조에서 원래의 성조가 약화된 형태인 **경성**도 있습니다. 같은 발음이라도 성조가 다르면 그 뜻도 달라지기 때문에 정확한 성조를 익혀 소리 내는 것이 중요 합니다.

처음부터 끝까지 같은 음높이로, 소리를 높고 평탄하게 냅니다.
치과에서 의사 선생님이 '아~ 해 보세요' 할 때의 '아' 느낌으로 발음하세요.

mā 妈 어머니   tāng 汤 탕, 국

단번에 가장 높은음까지 소리를 끌어올려 냅니다.
의아한 일이 생겼을 때 '뭐~?' '왜~?'하고 살짝 말끝을 올리는 느낌으로 발음하세요.

má 麻 저리다   táng 糖 사탕

음을 아주 낮은 위치까지 낮추었다가 다시 살짝 끌어올리는 소리를 냅니다.
무언가 깨달아 '아~ 그렇구나' 할 때의 '아~' 느낌으로 발음하세요.

mǎ 马 말(동물)   tǎng 躺 눕다

가장 높은음에서 가장 낮은음으로 단숨에 소리를 내리꽂아 냅니다.
발을 밟혀 깜짝 놀라 '악!'할 때의 짧고 강한 느낌으로 발음하세요.

mà 骂 욕하다   tàng 烫 뜨겁다

경성 짧고 가볍게, 힘을 뺀 느낌으로 발음하세요.

딱 필요한
핵심 표현
20

여행지에서 꼭 한 번은 쓰게 되는
핵심 표현을 꾹꾹 눌러 담았습니다.
패턴을 숙지하고 상황에 맞는 단어를 넣어
활용해 보세요. 여행지 자신감 백 배 상승!!

화장실이 어디에 있나요?

洗手间在哪儿?

Xǐshǒujiān zài nǎr?

🎤 시서우찌엔 짜이 날

위치를 묻는 말은 찾으려는 장소 뒤에 '어디에 있나요?'라는 뜻의 在哪儿? 짜이 날을 붙여 말합니다. 따라서 화장실이 어디인지 물으려면 화장실을 뜻하는 단어 洗手间 시서우찌엔 뒤에 在哪儿? 을 붙이면 됩니다. 卫生间 웨이성찌엔, 厕所 처숴 등도 화장실을 의미하니 함께 알아 두세요.

과거의 오명과 달리 최근 중국의 대도시와 유명 관광지의 화장실 수준은 날로 개선되고 있습니다. 2015년 중국의 시진핑 주석이 화장실 현대화 정책을 추진하면서, 많은 수의 화장실을 새로 증설하였고, 화장실 시설 개선과 철저한 위생 관리도 활발히 진행 중입니다. 그래도 혹시 모를 상황에 대비해 화장실에 갈 때는 화장지를 챙겨 갈 것을 추천합니다. 베이징, 상하이 같은 대도시로 여행을 간다면 스타벅스나 맥도날드 등 외국계 프랜차이즈의 화장실을 이용하는 것이 편리할 수 있습니다.

★ 卫生间 wèishēngjiān 화장실, 厕所 cèsuǒ 화장실

洗手间在哪儿?

······在哪儿?

이/가 **어디에 있나요?**

화장실이 어디에 있나요?

洗手间在哪儿?
Xǐshǒujiān zài nǎr?
시서우찌엔 짜이 날

택시 승차장이
어디에 있나요?*

的士站在哪儿?
Dīshì zhàn zài nǎr?
띠스 짠 짜이 날

지하철역이
어디에 있나요?

地铁站在哪儿?
Dìtiě zhàn zài nǎr?
띠티에 짠 짜이 날

버스 정류장이
어디에 있나요?

公交车站在哪儿?
Gōngjiāochē zhàn zài nǎr?
꽁쨔오처 짠 짜이 날

기차역이
어디에 있나요?

火车站在哪儿?
Huǒchē zhàn zài nǎr?
훠처 짠 짜이 날

매표소가
어디에 있나요?

售票处在哪儿?
Shòupiàochù zài nǎr?
서우퍄오추 짜이 날

TIP
택시는 的士 dīshì 띠스라고도 하고, 出租车 chūzūchē 추쭈처라고도 합니다. 우리나라와 마찬가지
로 중국에서도 모바일 앱을 사용해 택시를 부르는 사람이 늘고 있어요. 중국의 가장 대표적인 택시 호
출 앱으로는 **滴滴出行** Dīdī Chūxíng 띠띠 추싱이 있습니다.

🎧 01-01

在 zài ~에 있다   **哪儿** nǎr 어디

✈

수하물 찾는 곳이
어디에 있나요?

行李提取处在哪儿?
Xíngli tíqǔchù zài nǎr?
싱리 티취추 짜이 날

면세점이
어디에 있나요?

免税店在哪儿?
Miǎnshuìdiàn zài nǎr?
미엔쉐이뗀 짜이 날

입구가 어디에 있나요?

入口在哪儿?
Rùkǒu zài nǎr?
루커우 짜이 날

관광 안내소가
어디에 있나요?

旅游问询处在哪儿?
Lǚyóu wènxúnchù zài nǎr?
뤼여우 원쉰추 짜이 날

분실물 센터가
어디에 있나요?

失物招领处在哪儿?
Shīwù zhāolǐngchù zài nǎr?
스우 짜오링추 짜이 날

현금 인출기가
어디에 있나요?

自动取款机在哪儿?
Zìdòng qǔkuǎnjī zài nǎr?
쯔똥 취콴찌 짜이 날

흡연 구역이
어디에 있나요?

吸烟区在哪儿?
Xīyānqū zài nǎr?
시옌취 짜이 날

19

……在哪儿? 이/가 어디에 있나요?

무료 와이파이 구역이
어디에 있나요?

免费上网区在哪儿?
Miǎnfèi shàngwǎngqū zài nǎr?
미엔페이 상왕취 짜이 날

탈의실이 어디에 있나요?

更衣室在哪儿?
Gēngyīshì zài nǎr?
껑이스 짜이 날

기념품 가게가 어디에 있나요?

纪念品商店在哪儿?
Jìniànpǐn shāngdiàn zài nǎr?
찌녠핀 상뗸 짜이 날

호텔이 어디에 있나요?*

饭店在哪儿?
Fàndiàn zài nǎr?
판뗸 짜이 날

백화점이 어디에 있나요?

百货商店在哪儿?
Bǎihuò shāngdiàn zài nǎr?
바이훠 상뗸 짜이 날

박물관이 어디에 있나요?

博物馆在哪儿?
Bówùguǎn zài nǎr?
보우관 짜이 날

 TIP
호텔을 가리키는 다양한 명칭이 있습니다. **饭店** fàndiàn 판뗸, **酒店** jiǔdiàn 지우뗸은 4, 5성급의 고급 호텔을 뜻하고, **宾馆** bīnguǎn 삔관, **大厦** dàshà 따사는 중급 호텔을 뜻합니다. **旅馆** lǚguǎn 뤼관, **招待所** zhāodàisuǒ 짜오따이쉬는 호텔급이 아닌 숙박 시설이므로, 좀 더 안전하고 편안한 숙박을 원한다면 피하는 것이 좋아요.

회화 ★01 공항에서 길 묻기

请问药店在哪儿？
Qǐngwèn yàodiàn zài nǎr?
🎤 칭원 야오뗀 짜이 날
실례지만 약국이 어디예요?

在楼下免税店的旁边。
Zài lóu xià miǎnshuìdiàn de pángbiān.
🎤 짜이 로우 샤 미엔쉐이뗀 더 팡삐엔
아래층으로 내려가시면 면세점 옆에 있습니다.

再问一下，最近的卫生间在哪儿？
Zài wèn yíxià, zuì jìn de wèishēngjiān zài nǎr?
🎤 짜이 원 이샤 쮀이 찐 더 웨이셩찌엔 짜이 날
한 가지 더요. 가장 가까운 화장실이 어디죠?

一直走到头往左拐，
Yìzhí zǒu dàotóu wǎng zuǒ guǎi,
🎤 이즈 저우 따오터우 왕 쥐 과이
쭉 가시다가 길모퉁이에서 왼쪽으로 꺾으세요.

自动扶梯的对面就是。
zìdòng fútī de duìmiàn jiùshì.
🎤 쯔똥 푸티 더 뛔이몐 쮸스
에스컬레이터 맞은편이에요.

谢谢您。
Xièxie nín.
🎤 씨에시에 닌
고맙습니다.

기본 인사말

안녕하세요!

你好!
Nǐ hǎo!
니 하오

안녕히 가세요!
/안녕히 계세요!

再见!
Zàijiàn!
짜이쩬

반갑습니다!

认识你很高兴!
Rènshi nǐ hěn gāoxìng!
런스 니 헌 까오싱

천만에요.

不客气。
Bú kèqi.
부 커치

고맙습니다.

谢谢。/ 谢谢你。
Xièxie. / Xièxie nǐ.
씨에시에 / 씨에시에 니

좋은 아침입니다!

早上好!
Zǎoshang hǎo!
자오상 하오

좋은 오후입니다!

下午好!
Xiàwǔ hǎo!
샤우 하오

좋은 밤 되세요!

晚安!
Wǎn'ān!
완안

미안합니다.

对不起。/ 不好意思。
Duìbuqǐ. / Bù hǎoyìsi.
뚸이부치 / 뿌 하오이쓰

괜찮아요.

没关系。/ 没事儿。
Méi guānxi. / Méishìr.
메이 꽌시 / 메이셜

시원한 물 주세요.
请给我冰水。
Qǐng gěi wǒ bīngshuǐ.

🎤 칭 게이 워 삥쉐이

请 칭은 상대방에게 어떤 행동을 공손하게 부탁할 때 사용하는 말입니다. 영어의 please 플리즈와 비슷한 역할을 한다고 이해해도 좋습니다. 문장의 맨 앞에 붙여 사용합니다.

'물 주세요.'는 请给我水。칭 게이 워 쉐이라고 하는데요. '물'을 가리키는 다양한 표현을 알아두면 좀 더 구체적으로 원하는 종류의 물을 요구할 수 있겠지요? 얼음물, 얼음처럼 찬 냉수는 冰水 삥쉐이, 따뜻한 물은 热水 러쉐이, 탄산수는 气泡水 치파오쉐이라고 합니다. 가게나 식당에서 파는 페트병에 든 생수는 矿泉水 쾅취엔쉐이라고 합니다. 중국의 식당에서는 끓인 물 开水 카이쉐이나 끓여서 상온에 식혀 둔 물 白开水 바이카이쉐이를 무료로 제공하기도 하니 참고하세요.

★ 热水 rèshuǐ 따뜻한 물, 气泡水 qìpàoshuǐ 탄산수, 矿泉水 kuàngquánshuǐ 생수,
开水 kāishuǐ 끓인 물, 白开水 báikāishuǐ 끓여서 상온에 식힌 물

请给我……。

을/를 주세요.

시원한 물 주세요.	**请给我冰水。** Qǐng gěi wǒ bīngshuǐ. 칭 게이 워 뼁쉐이
커피 주세요.	**请给我咖啡。** Qǐng gěi wǒ kāfēi. 칭 게이 워 카페이
차(tea) 주세요.	**请给我茶。** Qǐng gěi wǒ chá. 칭 게이 워 차
오렌지주스 주세요.★	**请给我橙汁。** Qǐng gěi wǒ chéngzhī. 칭 게이 워 청쯔
닭고기 주세요.	**请给我鸡肉。** Qǐng gěi wǒ jīròu. 칭 게이 워 찌러우
소고기 주세요.	**请给我牛肉。** Qǐng gěi wǒ niúròu. 칭 게이 워 니우러우

 TIP

기내에는 오렌지주스뿐만 아니라 **토마토주스** 番茄汁 fānqiézhī 판치에쯔, **와인** 葡萄酒 pútaojiǔ 푸타오지우, **맥주** 啤酒 píjiǔ 피지우 등 다양한 음료를 구비해 놓고 있으니 원하는 음료를 말하고 이용해 보세요.

请	qǐng	상대에게 어떤 일을 부탁할 때 쓰는 경어	🎧 02-01
给	gěi	~에게, ~를 향하여	
我	wǒ	나	

창가 쪽 좌석 주세요.	**请给我靠窗的座位。** Qǐng gěi wǒ kào chuāng de zuòwèi. 칭 게이 워 카오 촹 더 쭤웨이
통로 쪽 좌석 주세요.	**请给我靠过道的座位。** Qǐng gěi wǒ kào guòdào de zuòwèi. 칭 게이 워 카오 꿔따오 더 쭤웨이
이거 주세요.	**请给我这个。** Qǐng gěi wǒ zhège. 칭 게이 워 쩌거
메뉴 주세요.	**请给我菜单。** Qǐng gěi wǒ càidān. 칭 게이 워 차이딴
계산서 주세요.	**请给我账单。** Qǐng gěi wǒ zhàngdān. 칭 게이 워 짱딴
2인용 자리 주세요.	**请给我双人座。** Qǐng gěi wǒ shuāngrén zuò. 칭 게이 워 슈앙런 쭤

➕ **플러스 단어** 핵심 패턴에 넣어 문장을 만들어 보세요!

따뜻한 물 热水 rèshuǐ 러쉐이　**콜라** 可乐 kělè 커러　**돼지고기** 猪肉 zhūròu 쭈러우

냅킨 餐巾纸 cānjīnzhǐ 찬찐즈　**앞접시** 碟子 diézi 디에즈

회화 ★02 기내에서 식사 주문하기

晚餐有鸡肉盖浇饭和牛肉面，请问您要哪一种？
Wǎncān yǒu jīròu gàijiāofàn hé niúròumiàn, qǐngwèn nín yào nǎ yì zhǒng?
🎤 완찬 여우 찌러우 까이쨔오판 허 니우러우몐 칭원 닌 야오 나 이 종
저녁으로 닭고기덮밥과 쇠고기면이 준비되어 있습니다. 무엇을 드시겠습니까?

请给我鸡肉盖浇饭。 Qǐng gěi wǒ jīròu gàijiāofàn.
🎤 칭 게이 워 찌러우 까이쨔오판
닭고기덮밥 주세요.

您需要饮料吗？
Nín xūyào yǐnliào ma?
🎤 닌 쉬야오 인랴오 마
음료 드시겠습니까?

是的，请给我橙汁。 Shì de, qǐng gěi wǒ chéngzhī.
🎤 스 더 칭 게이 워 청쯔
네, 오렌지주스 주세요.

给您，请慢用。 Gěi nín, qǐng màn yòng.
🎤 게이 닌 칭 만 용
여기 있습니다. 맛있게 드세요.

谢谢。 Xièxie.
🎤 씨에시에
감사합니다.

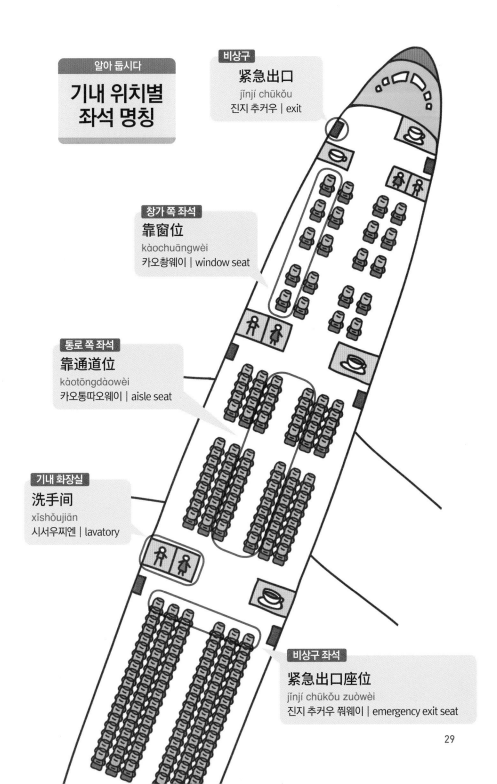

알아 둡시다

기내 위치별 좌석 명칭

비상구
紧急出口
jǐnjí chūkǒu
진지 추커우 | exit

창가 쪽 좌석
靠窗位
kàochuāngwèi
카오촹웨이 | window seat

통로 쪽 좌석
靠通道位
kàotōngdàowèi
카오통따오웨이 | aisle seat

기내 화장실
洗手间
xǐshǒujiān
시서우찌엔 | lavatory

비상구 좌석
紧急出口座位
jǐnjí chūkǒu zuòwèi
진지 추커우 쭤웨이 | emergency exit seat

29

싱글룸 있나요?

有单人间吗?

Yǒu dānrénjiān ma?

🎤 여우 딴런찌엔 마

有单人间吗?

호텔, 음식점, 상점 등에서 원하는 서비스나 물건이 있는지 확인하는 표현으로 有……吗? 여우 ~마가 유용하게 쓰입니다. 吗 마는 평서문의 맨 뒤에 쓰여 문장을 의문문으로 만들어 주는 역할을 하는데요. 발음할 때 살짝 톤을 높여 질문의 뉘앙스를 살려 주면 더욱 좋습니다.

호텔에 체크인할 때 온라인으로 예약한 경우라도 현장에서 보증금 押金 야찐을 요구하는 경우가 있습니다. 체크아웃할 때 돌려받는 돈이므로 당황하지 말고, 영수증을 잘 보관해 두었다가 퇴실 시 환급 받으면 됩니다. 보증금 지불 방식이나 금액은 각 호텔에 따라 다를 수 있으므로 예약 전에 미리 확인해 보는 것이 좋습니다.

★ 押金 yājīn 보증금

有……吗?

 이/가 있나요?

싱글룸 있나요?

有单人间吗?
Yǒu dānrénjiān ma?
여우 딴런찌엔 마

더블룸 있나요?

有双人大床房吗?
Yǒu shuāngrén dàchuángfáng ma?
여우 슈앙런 따촹팡 마

와이파이 비밀번호가
있나요?*

有上网密码吗?
Yǒu shàngwǎng mìmǎ ma?
여우 상왕 미마 마

도시 지도 있나요?

有城市地图吗?
Yǒu chéngshì dìtú ma?
여우 청스 띠투 마

지하철 노선도 있나요?

有地铁路线图吗?
Yǒu dìtiě lùxiàntú ma?
여우 띠티에 루셴투 마

기차 시간표 있나요?

有火车时刻表吗?
Yǒu huǒchē shíkèbiǎo ma?
여우 훠처 스커비아오 마

TIP

이 문장의 **上网** shàngwǎng 상왕은 '인터넷에 접속하다'라는 뜻이고 **密码** mìmǎ 미마는 '비밀번호'입니다. 일반적으로 와이파이 비밀번호를 물을 때 자주 쓰이는 표현이에요. 중국어로 '와이파이'는 **无线网络** wúxiàn wǎngluò 우센 왕뤄입니다. 영어 그대로 Wi-Fi 와이파이라고도 해요.

🎧 03-01

有 yǒu 있다　　　**吗** ma 문장 끝에서 의문을 나타냄

✈

한국어로 된 소책자 있나요?

有韩国语的手册吗?
Yǒu Hánguóyǔ de shǒucè ma?
여우 한궈위 더 서우처 마

홈페이지 있나요?

有网页吗?
Yǒu wǎngyè ma?
여우 왕예 마

이거 검정색으로 있나요?

(这种)有黑色的吗?
(Zhè zhǒng) Yǒu hēisè de ma?
(쩌 종) 여우 헤이써 더 마

이거 큰 사이즈로 있나요?

(这种)有大号的吗?
(Zhè zhǒng) Yǒu dàhào de ma?
(쩌 종) 여우 따하오 더 마

보증금 있나요?

有押金吗?
Yǒu yājīn ma?
여우 야찐 마

세탁 서비스 있나요?

有洗衣服务吗?
Yǒu xǐyī fúwù ma?
여우 시이 푸우 마

➕ **플러스 단어** 핵심 패턴에 넣어 문장을 만들어 보세요!
버스 운행 시간표 公共汽车时刻表 gōnggòngqìchē shíkèbiǎo 꿍꿍치처 스커비아오
물티슈 湿纸巾 shīzhǐjīn 스즈찐　반창고 创可贴 chuāngkětiē 촹커티에
멀미 봉지 清洁袋 qīngjié dài 칭지에 따이

33

회화 ★ **03** # 호텔에서 와이파이 이용 묻기

有免费Wi-Fi吗?
Yǒu miǎnfèi *Wi-Fi* ma?
🎤 여우 미엔페이 와이파이 마
무료 와이파이가 있나요?

有。大厅里可以使用免费的无线网络。
Yǒu. Dàtīng li kěyǐ shǐyòng miǎnfèi de wúxiàn wǎngluò.
🎤 여우 따팅 리 커이 스용 미엔페이 더 우셴 왕뤄
있습니다. 로비에서 무선 인터넷을 무료로 사용할 수 있습니다.

在我房间里怎么使用呢?
Zài wǒ fángjiān li zěnme shǐyòng ne?
🎤 짜이 워 팡찌엔 리 전머 스용 너
제 방에선 어떻게 사용하나요?

需要输入密码。 Xūyào shūrù mìmǎ.
🎤 쉬야오 수루 미마
비밀번호를 입력해야 합니다.

无线网络的密码是什么?
Wúxiàn wǎngluò de mìmǎ shì shénme?
🎤 우셴 왕뤄 더 미마 스 선머
와이파이 비밀번호가 무엇인가요?

密码写在书桌上。 Mìmǎ xiě zài shūzhuō shang.
🎤 미마 시에 짜이 수쭤 상
비밀번호는 책상 위에 쓰여 있습니다.

호텔 객실 명칭

单人房 / 单人间
dānrénfáng / dānrénjiān
딴런팡 / 딴런찌엔 | single room

더블룸
双人大床房
shuāngrén dàchuángfáng
슈앙런 따촹팡 | double room

트윈룸
双人双床房
shuāngrén shuāngchuángfáng
슈앙런 슈앙촹팡 | twin room

스탠다드룸
标准间
biāozhǔnjiān
뺘오준찌엔 | standard room

디럭스룸
豪华房
háohuáfáng
하오화팡 | deluxe room

스위트룸
豪华套房
háohuá tàofáng
하오화 타오팡 | suite room

주문하고 싶습니다.

我要点菜。

Wǒ yào diǎn cài.

🎤 워 야오 디엔 차이

무엇을 원하는지 분명하게 말할 수 있다면 여행의 쾌적함이 한층 높아지겠죠? '~하고 싶습니다', '~을 원합니다'라는 말은 我要……。워 야오~라고 합니다. 이 표현은 '이것'을 의미하는 这个 쩌거라는 단어와 함께 기억해 두세요. 我要这个。워 야오 쩌거는 '이것을 원합니다', '이것을 주세요'라는 뜻으로, 쉽고 간단하게 사용 가능한 만능 문장이거든요. 메뉴판의 사진이나 매장의 물건을 손가락으로 직접 가리키면서 我要这个。라고 말하면 됩니다.

중국 식당에서는 일반적으로 자리에 앉은 후 종업원을 불러 음식을 주문해요. 종업원에게 메뉴판을 달라고 할 때는 服务员，菜单！푸우위엔 차이딴하고 말하면 됩니다. 관광지의 식당에는 메뉴판에 음식 사진이 함께 있는 경우가 많습니다. 원하는 음식의 사진을 가리키며, 방금 배운 만능 문장 我要这个。를 사용하면 주문 완료!

★ **服务员** fúwùyuán 종업원, **菜单** càidān 메뉴(판)

我要……。

( ) 하고 싶습니다.

주문하고 싶습니다.

我要点菜。
Wǒ yào diǎn cài.
워 야오 디엔 차이

이것을 원합니다.

我要这个。
Wǒ yào zhège.
워 야오 쩌거

시원한 맥주를 원합니다.*

我要冰的啤酒。
Wǒ yào bīng de píjiǔ.
워 야오 삥 더 피지우

체크인하고 싶습니다.

我要入住。
Wǒ yào rùzhù.
워 야오 루쭈

체크아웃하고 싶습니다.

我要退房。
Wǒ yào tuì fáng.
워 야오 퉤이 팡

예약하고 싶습니다.

我要预约。
Wǒ yào yùyuē.
워 야오 위위에

TIP

중국인들은 일반적으로 상온에 보관된 맥주를 마십니다. 얼음처럼 차가운 맥주를 즐기는 한국인에게는 생소한 문화예요. 중국 식당에서 시원한 맥주를 원한다면 꼭 기억해 둬야 할 표현입니다.

🎧 04-01

我 wǒ 나

要 yào 원하다, 필요하다

✈

방을 예약하고 싶습니다.

我要预订房间。
Wǒ yào yùdìng fángjiān.
워 야오 위띵 팡찌엔

전망 좋은 방을 원합니다.

我要风景好的房间。
Wǒ yào fēngjǐng hǎo de fángjiān.
워 야오 펑징 하오 더 팡찌엔

7시에 모닝콜을 원합니다.

我要7点的叫醒服务。
Wǒ yào qī diǎn de jiàoxǐng fúwù.
워 야오 치 디엔 더 쨔오싱 푸우

여분의 수건을 원합니다.

我要富余的毛巾。
Wǒ yào fùyu de máojīn.
워 야오 푸위 더 마오찐

일주일 묵고 싶습니다.

我要住一周。
Wǒ yào zhù yì zhōu.
워 야오 쭈 이 쩌우

하룻밤 더 묵고 싶습니다.

我要再住一天。
Wǒ yào zài zhù yìtiān.
워 야오 짜이 쭈 이티엔

뭘 좀 물어보고 싶습니다.

我要问一下。
Wǒ yào wèn yíxià
워 야오 원 이샤

我要……。

하고 싶습니다.

편도표를 원합니다.

我要单程票。
Wǒ yào dānchéng piào.
워 야오 딴청 퍄오

왕복표를 원합니다.

我要往返票。
Wǒ yào wǎngfǎn piào.
워 야오 왕판 퍄오

차를 대여하고 싶습니다.

我要租车。
Wǒ yào zū chē.
워 야오 쭈 처

이 주소로 가고 싶습니다.

我要去这个地址。
Wǒ yào qù zhège dìzhǐ.
워 야오 취 쩌거 띠즈

환전하고 싶습니다.

我要换钱。
Wǒ yào huànqián.
워 야오 환치엔

교환하고 싶습니다.

我要调换。
Wǒ yào diàohuàn.
워 야오 땨오환

남은 음식을
포장해 갈게요.

我要打包。
Wǒ yào dǎbāo.
워 야오 다빠오

04-02

早上好。我想把美元换成人民币。
Zǎoshang hǎo. Wǒ xiǎng bǎ měiyuán huànchéng rénmínbì.
🎤 자오상 하오 워 샹 바 메이위엔 환청 런민삐
좋은 아침입니다. 달러를 위안화로 바꾸고 싶어요.

可以。您要换多少? Kěyǐ. Nín yào huàn duōshao?
🎤 커이 닌 야오 환 뛰샤오
네. 얼마나 바꾸고 싶으세요?

500美元。 Wǔbǎi měiyuán.
🎤 우바이 메이위엔
500달러요.

给您换成零钱吗?
Gěi nín huànchéng língqián ma?
🎤 게이 닌 환청 링치엔 마
소액권으로 드릴까요?

给我换成10块和20块的纸币。
Gěi wǒ huànchéng shí kuài hé èrshí kuài de zhǐbì.
🎤 게이 워 환청 스 콰이 허 얼스 콰이 더 즈삐
10위안과 20위안짜리 지폐로 주세요.

这是您的钱和发票。
Zhè shì nín de qián hé fāpiào.
🎤 쩌 스 닌 더 치엔 허 파퍄오
여기 돈과 영수증이 있습니다.

이거 얼마예요?
这个多少钱?

Zhège duōshao qián?

🎤 쩌거 뚸샤오 치엔

多少钱? 뭐샤오 치엔은 가격이나 요금을 물을 때 쓰는 표현입니다. 물건의 가격이 표시되어 있지 않은 시장이나 점포 등에서 유용하게 사용할 수 있습니다.

최근 중국 대도시에서는 '모바일 페이' 문화가 정착 단계에 이르러, 현금 사용이 크게 줄었습니다. 모바일 페이는 알리페이(ALIPAY), 위챗페이(WeChat Pay) 등의 앱을 스마트폰에 설치하고, 이를 은행 계좌와 연동하여 스마트폰에 생성된 QR코드를 스캔하는 것으로 결제하는 방식입니다. 모바일 페이 사용을 위해서는 중국 은행에 개설된 계좌가 필요해서 단기 여행을 떠나는 여행자에게는 아직 환영 받지 못하고 있어요. 모바일 페이 활성화에 따라 현금을 받지 않는 가게도 늘어나고 있다고 하니 예약한 맛집에서 현금이나 신용카드로 결제가 가능한지 미리 체크해 보는 것이 좋겠지요?

……多少钱?

이/가 얼마예요?

이거 얼마예요?

这个多少钱?
Zhège duōshao qián?
쩌거 뚸샤오 치엔

모두 얼마예요?

一共多少钱?
Yígòng duōshao qián?
이꿍 뚸샤오 치엔

이 신발 얼마예요?

这双鞋多少钱?
Zhè shuāng xié duōshao qián?
쩌 슈앙 시에 뚸샤오 치엔

한 근에 얼마예요?

一斤多少钱?
Yì jīn duōshao qián?
이 찐 뚸샤오 치엔

한 사람에 얼마예요?

一个人多少钱?
Yí ge rén duōshao qián?
이 거 런 뚸샤오 치엔

요금(교통수단 운임)이
얼마예요?

车费多少钱?
Chēfèi duōshao qián?
처페이 뚸샤오 치엔

시안행 기차표
얼마예요?

去西安的火车票多少钱?
Qù Xī'ān de huǒchē piào duōshao qián?
취 시안 더 훠처 퍄오 뚸샤오 치엔

🎧 05-01

多少 duōshao　　얼마, 얼마나　　　　钱 qián　　돈

(표) 한 장에 얼마예요?

一张多少钱?
Yì zhāng duōshao qián?
이 짱 뚸샤오 치엔

투어 비용이 얼마예요?

旅游经费要多少钱?
Lǚyóu jīngfèi yào duōshao qián?
뤼여우 찡페이 야오 뚸샤오 치엔

차 하루 대여하는 데 얼마예요?

租车一天多少钱?
Zū chē yìtiān duōshao qián?
쭈 처 이티엔 뚸샤오 치엔

이거 해 보는 데 얼마예요?

做这个要多少钱?
Zuò zhège yào duōshao qián?
쮀 쩌거 야오 뚸샤오 치엔

하룻밤에 얼마예요?

一个晚上多少钱?
Yí ge wǎnshang duōshao qián?
이 거 완상 뚸샤오 치엔

보증금이 얼마예요?

押金要多少钱?
Yājīn yào duōshao qián?
야찐 야오 뚸샤오 치엔

➕ **플러스 단어** 핵심 패턴에 넣어 문장을 만들어 보세요! ⋯⋯⋯⋯⋯⋯⋯⋯⋯⋯⋯⋯⋯⋯⋯⋯

📍 입장권 门票 ménpiào 먼퍄오 / 入场券 rùchǎngquàn 루창췐
　 성인 大人 dàren 따런　 아동 小孩儿 xiǎoháir 샤오할

05-02

회화 ★05 물건 구매하기

这件衬衫有红色的吗?
Zhè jiàn chènshān yǒu hóngsè de ma?
🎙쩌 쪤 천산 여우 홍써 더 마
이 셔츠 빨간색으로 있나요?

有，您要试一下吗?
Yǒu, nín yào shì yíxià ma?
🎙여우 닌 야오 스 이샤 마
네, 있습니다. 입어 보실래요?

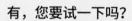

对，打算试试。多少钱?
Duì, dǎsuàn shìshi. Duōshao qián?
🎙뛔이 다쏸 스스　뚸샤오 치엔
네, 한번 입어 볼게요. 얼마예요?

300块钱。 Sānbǎi kuài qián.
🎙싼바이 콰이 치엔
300위안입니다.

可以刷卡吗? Kěyǐ shuākǎ ma?
🎙커이 솨카 마
신용카드로 계산해도 될까요?

当然可以。 Dāngrán kěyǐ.
🎙땅란 커이
물론 됩니다.

중국 화폐

- **중국 화폐** 人民币 rénmínbì 런민삐, RMB

- **기본 단위** 元 yuán 위안, 角 jiǎo 지아오, 分 fēn 펀

  입말에서는 元보다 块 kuài 콰이를, 角보다 毛 máo 마오를 더 많이 쓴다.

1元	=	10角
1块	=	10毛

  = 100分 = 한화 약 170원

  (2020년 1월 기준)

- **위조지폐 감별 팁**

과거에 비해 중국의 위조지폐 범죄가 많이 줄었고, 모바일 페이 문화의 발달로 지폐 사용 자체가 많이 줄었다. 그럼에도 위조지폐 유통을 염려해 가게에서는 지폐를 받으면 불빛에 비춰 보거나 여기저기 만져 보는 경우가 많다.

☑ 지폐를 불빛에 비춰 봤을 때 지폐 앞면의 왼쪽 빈 공간에 마오쩌둥의 얼굴이 보여야 진짜 지폐!

☑ 지폐를 기울여 봤을 때 지폐 앞면의 왼쪽 하단 일련번호가 방향에 따라 색이 달라져야 진짜 지폐!

이거 먹어 봐도 될까요?

这个可以尝尝吗?

Zhège kěyǐ chángchang ma?

🎤 쩌거 커이 창창 마

可以……吗？커이 ~마는 가능 여부를 묻거나 허가를 구하는 표현입니다. 상대방이 可以。커이라고 대답하면 가능하다는 의미이고, 不行。뿌싱이라고 대답하면 불가하다는 뜻입니다. 다른 문화권에서 여행하는 일은 언제나 확인의 연속인 만큼 알아두면 유용한 표현이겠죠?

중국은 우리나라와 가까운 이웃 나라이자 같은 유교 문화권에 속하지만 자세히 들여다보면 차이점도 많습니다. 예를 들면 중국은 한국에 비해 실내 흡연에 대해 관용적인 편입니다. 비흡연자라면 음식점에서 금연석을 요청하는 편이 좋습니다. 지하철을 탈 때 소지품을 보안 검색대에 통과시켜 엑스레이 검사를 하거나 검색봉으로 몸 수색을 하기도 합니다. 당황하지 말고 안내에 따라 절차를 통과하세요.

★ **不行** bùxíng 안 된다, 불가하다

可以……吗?

해도 될까요?

이거 먹어 봐도 될까요?

这个可以尝尝吗?
Zhège kěyǐ chángchang ma?

쩌거 커이 창창 마

이 옷을 한번 입어 봐도 될까요?

这件衣服可以试一下吗?
Zhè jiàn yīfu kěyǐ shì yíxià ma?

쩌 쩬 이푸 커이 스 이샤 마

현금으로 계산해도 될까요?

可以付现金吗?
Kěyǐ fù xiànjīn ma?

커이 푸 셴찐 마

신용카드로 계산해도 될까요?

可以刷卡吗?
Kěyǐ shuākǎ ma?

커이 쇼카 마

할인권을 사용해도 될까요?

可以用优惠券吗?
Kěyǐ yòng yōuhuìquàn ma?

커이 용 여우훼이췐 마

사진을 찍어도 될까요?

可以拍照吗?
Kěyǐ pāizhào ma?

커이 파이짜오 마

동영상을 찍어도 될까요?

可以拍视频吗?
Kěyǐ pāi shìpín ma?

커이 파이 스핀 마

🎧 06-01

可以 kěyǐ 가능하다, 허가하다
吗 ma 문장 끝에서 의문을 나타냄

여기 앉아도 될까요?

可以坐在这儿吗?
Kěyǐ zuò zài zhèr ma?
커이 쭤 짜이 쩔 마

자리를 바꿀 수 있나요?

可以换个座位吗?
Kěyǐ huàn ge zuòwèi ma?
커이 환 거 쭤웨이 마

창문을 열 수 있나요?

可以开一下窗吗?
Kěyǐ kāi yíxià chuāng ma?
커이 카이 이샤 촹 마

수영장을 이용할 수 있나요?

可以使用游泳池吗?
Kěyǐ shǐyòng yóuyǒngchí ma?
커이 스용 여우용츠 마

도와줄 수 있나요?

可以帮个忙吗?
Kěyǐ bāng ge máng ma?
커이 빵 거 망 마

예약을 취소할 수 있나요?

可以取消预约吗?
Kěyǐ qǔxiāo yùyuē ma?
커이 취샤오 위위에 마

체크아웃 시간을
연장할 수 있나요?

退房时间可以推迟吗?
Tuì fáng shíjiān kěyǐ tuīchí ma?
퉤이 팡 스찌엔 커이 퉤이츠 마

是在这儿买票吗? Shì zài zhèr mǎi piào ma?
🎤스 짜이 쩔 마이 퍄오 마
여기서 입장권을 사면 되나요?

是，您要买几张? Shì, nín yào mǎi jǐ zhāng?
🎤스 닌 야오 마이 지 짱
네. 몇 장 필요하십니까?

一张大人的，一张小孩儿的，一共两张。
Yì zhāng dàren de, yì zhāng xiǎoháir de, yígòng liǎng zhāng.
🎤이 짱 따런 더, 이 짱 샤오할 더, 이꽁 량 짱
성인 한 명, 어린이 한 명, 총 두 장 주세요.

可以刷卡吗? Kěyǐ shuākǎ ma?
🎤커이 쇼카 마
신용카드로 계산해도 될까요?

可以。给您两张票。 Kěyǐ. Gěi nín liǎng zhāng piào.
🎤커이 게이 닌 량 짱 퍄오
가능합니다. 여기 입장권 두 장입니다.

美术馆里可以拍照吗? Měishùguǎn li kěyǐ pāizhào ma?
🎤메이슈관 리 커이 파이짜오 마
미술관 안에서 사진을 찍어도 될까요?

可以，但是不能使用闪光灯。
Kěyǐ, dànshì bù néng shǐyòng shǎnguāngdēng.
🎤커이 딴스 뿌 넝 스용 산꽝떵
네. 하지만 플래시는 사용하시면 안 됩니다.

★ 자금성 ★

故宫
Gùgōng

꾸꽁

베이징에 위치한 명·청 시대의 궁궐. 현재는 명·청 시대의 황실 유물과 수집품을 전시하고 있는 박물관이다. 황궁일 때에 5백 년이 넘게 일반인의 출입이 금지되었던 곳이며, 그래서인지 현재까지도 중국에서 가장 크고 가장 잘 보존된 건물들이 밀집되어 있는 장소로 꼽힌다. 우리나라에는 **자금성** 紫禁城 Zǐjinchéng 쯔찐청이라는 명칭이 널리 알려져 있지만 중국에서는 **故宫** Gùgōng 꾸꽁이라고 더 많이 불리며, 현재의 용도를 붙여 **故宫博物院** Gùgōng Bówùyùan 꾸꽁 보우위엔이라고도 한다. 영어로는 자금성의 번역어 Forbidden City 포비든 시티로 알려져 있다.

고수 빼 주세요.

请不要放香菜。

Qǐng bú yào fàng xiāngcài.

🎤 칭 부 야오 팡 샹차이

54

특정 음식 재료에 알레르기가 있거나 입맛에 맞지 않아 꺼리는 것이 있다면 주문 시 꼭 이를 전달해야 하는데요. 이때 원하지 않는 재료를 넣어 **请不要放**⋯⋯。 칭 부 야오 팡 ~이라고 말하세요. 중국 음식에 자주 사용되는 고수의 경우, 강한 향으로 인해 호불호가 크게 나뉩니다. 고수의 향이 부담스럽다면 주문할 때 **请不要放香菜**。 칭 부 야오 팡 샹차이라고 말하면 됩니다.

반대로 주문 받는 직원이 **有什么忌口的**？ 여우 선머 찌커우 더라고 먼저 물어볼 수도 있습니다. '가리는 음식 있으세요?'라는 뜻입니다. **忌口** 찌커우는 '음식을 가리다'라는 뜻의 단어로, 기억해 두면 유용합니다.

★ **忌口** jìkǒu 음식을 가리다

请不要放······。 을/를 빼 주세요.

고수 빼 주세요.

请不要放香菜。
Qǐng bú yào fàng xiāngcài.
칭 부 야오 팡 샹차이

오이 빼 주세요.

请不要放黄瓜。
Qǐng bú yào fàng huángguā.
칭 부 야오 팡 황꽈

향이 강한 재료 빼 주세요.

请不要放香料。
Qǐng bú yào fàng xiāngliào.
칭 부 야오 팡 샹랴오

마요네즈 빼 주세요.

请不要放蛋黄酱。
Qǐng bú yào fàng dànhuángjiàng.
칭 부 야오 팡 딴황쨩

겨자 빼 주세요.

请不要放芥末。
Qǐng bú yào fàng jièmo.
칭 부 야오 팡 지에모

케첩 빼 주세요.

请不要放番茄酱。
Qǐng bú yào fàng fānqiéjiàng.
칭 부 야오 팡 판치에쨩

드레싱 빼 주세요.

请不要放调味汁。
Qǐng bú yào fàng tiáowèizhī.
칭 부 야오 팡 티아오웨이쯔

请	qǐng	상대에게 어떤 일을 부탁할 때 쓰는 경어
不要	bú yào	~하지 마라, 원하지 않다
放	fàng	넣다

🎧 07-01

계피 가루 빼 주세요.

请不要放肉桂粉。
Qǐng bú yào fàng ròuguìfěn.
칭 부 야오 팡 러우꿰이펀

휘핑 크림 빼 주세요.

请不要放奶油。
Qǐng bú yào fàng nǎiyóu.
칭 부 야오 팡 나이여우

시럽 빼 주세요.

请不要放糖浆。
Qǐng bú yào fàng tángjiāng.
칭 부 야오 팡 탕쨩

우유 빼 주세요.

请不要放牛奶。
Qǐng bú yào fàng niúnǎi.
칭 부 야오 팡 니우나이

얼음 빼 주세요.

请不要放冰块。
Qǐng bú yào fàng bīngkuài.
칭 부 야오 팡 삥콰이

육류 빼 주세요.

请不要放肉。
Qǐng bú yào fàng ròu.
칭 부 야오 팡 러우

 플러스 단어 핵심 패턴에 넣어 문장을 만들어 보세요! ···

소금 **盐** yán 옌　설탕 **糖** táng 탕　후추 **胡椒** hújiāo 후쨔오

회화 ★07 음식 주문하기

你好，我要点菜。 Nǐ hǎo, wǒ yào diǎn cài.
🎤 니 하오 워 야오 디엔 차이 안녕하세요. 주문하고 싶습니다.

 好的，您要什么? Hǎo de, nín yào shénme?
🎤 하오 더 닌 야오 선머 네, 무엇을 드릴까요?

 请给我推荐一下这里的招牌菜。 Qǐng gěi wǒ tuījiàn yíxià zhèli de zhāopáicài.
🎤 칭 게이 워 퉤이쪤 이샤 쩌리 더 짜오파이차이
가장 인기 있는 메뉴를 추천해 주세요.

这里的牛肉面很有名。 Zhèli de niúròumiàn hěn yǒumíng.
🎤 쩌리 더 니우러우멘 헌 여우밍 우육면이 유명합니다.

 那就来一碗牛肉面。 Nà jiù lái yì wǎn niúròumiàn.
🎤 나 쮸 라이 이 완 니우러우멘 그럼 우육면 하나 주세요.
请不要放香菜。 Qǐng bú yào fàng xiāngcài.
🎤 칭 부 야오 팡 샹차이 고수 빼고요.

 要什么酒水? Yào shénme jiǔshuǐ?
🎤 야오 선머 지우쉐이 마실 것은요?

 来一瓶冰的啤酒。 Lái yì píng bīng de píjiǔ.
🎤 라이 이 핑 삥 더 피지우 시원한 맥주 한 병 주세요.

★ 시후호 ★

西湖

XĪ Hú

시 후

저장성 항저우시에 위치한 인공 호수. '서쪽의 호수'라는 뜻으로 西湖 XĪ Hú 시 후라고 불리며, 영어로는 West Lake 웨스트 레이크라고 한다. 중국에는 모두 36개의 '시 후'가 있는데, 이곳 항저우의 호수가 가장 유명하다. 수면 면적이 5.6㎢에 달하는 넓은 호수이며, 넓은 면적만큼 다양한 절경을 자랑한다. 특히 보름달이 뜬 시후호는 중국에서 가장 낭만적인 달맞이 장소로 여겨지고, 안개가 드리운 날, 여름 연꽃이 만발한 날, 흰 눈이 쌓인 날 등 기후와 절기에 따라 제각기 다른 매력을 뽐내는 것으로 유명하다. 중국인은 물론 전 세계인의 사랑을 받는 관광지이다.

너무 추워요.

太冷了。

Tài lěng le.

🎤 타이 렁 러

太……了。 타이 ~ 러는 호텔 객실의 컨디션이나 음식의 맛 등에 대해 불만을 말할 때 유용하게 사용할 수 있는 표현으로, '너무 ~해요.'라는 뜻입니다. 객실이 너무 추우면 太冷了。타이 렁 러, 음식이 너무 짜면 太咸了。타이 시엔 러, 짐이 너무 무거우면 太重了。타이 쭝 러, 이런 식으로 가운데의 형용사를 바꿔 주면 됩니다. 또한 본인의 상태에 대해 이야기할 수도 있습니다. '너무 피곤합니다.'라고 말하려면 '피곤하다'라는 뜻의 累 레이를 사용해 太累了。타이 레이 러 라고 하면 됩니다.

중국도 우리나라와 마찬가지로 팁 문화가 일반적이지 않습니다. 중국 호텔에서 객실 청소 팁으로 올려 둔 돈이 그대로 있었다는 일화가 종종 들리기도 하지요. 그렇더라도 불만 사항이 개선되었거나 서비스를 제공 받았을 경우, 谢谢！ 씨에시에, 고맙다는 인사는 잊지 않아야 하겠지요?

★ 咸 xián 짜다, 重 zhòng 무겁다, 累 lèi 피곤하다

太……了。

너무 ⬚ 해요.

✈ ┈┈┈┈┈┈┈┈┈┈┈┈┈┈┈┈┈┈┈┈┈┈┈┈┈┈┈┈┈┈┈┈┈┈┈┈

너무 추워요.
太冷了。
Tài lěng le.
타이 렁 러

너무 더워요.
太热了。
Tài rè le.
타이 러 러

너무 건조해요.
太干了。
Tài gàn le.
타이 깐 러

너무 더러워요.
太脏了。
Tài zāng le.
타이 짱 러

너무 시끄러워요.
太吵了。
Tài chǎo le.
타이 차오 러

너무 비싸요.
太贵了。
Tài guì le.
타이 꿰이 러

너무 멀어요.
太远了。
Tài yuǎn le.
타이 위엔 러

08-01

太 tài   너무, 매우, 대단히   **了** le   문장 끝에서 성질, 상태를 강조함

(음식이)
너무 뜨거워요.

太烫了。
Tài tàng le.
타이 탕 러

너무 매워요.

太辣了。
Tài là le.
타이 라 러

너무 짜요.

太咸了。
Tài xián le.
타이 시엔 러

너무 싱거워요.

太淡了。
Tài dàn le.
타이 딴 러

너무 달아요.

太甜了。
Tài tián le.
타이 티엔 러

너무 기름져요.

太油腻了。
Tài yóunì le.
타이 여우니 러

➕ **플러스 단어** 핵심 패턴에 넣어 문장을 만들어 보세요! ···
작다 小 xiǎo 샤오   **크다 大** dà 따   **많다 多** duō 뛰   **적다 少** shǎo 샤오
빠르다 快 kuài 콰이   **느리다 慢** màn 만

택시 타기

08-02

你好，我要去这个地址。 Nǐ hǎo, wǒ yào qù zhège dìzhǐ.
🎤 니 하오 워 야오 취 쩌거 띠즈
안녕하세요. 이 주소로 가 주세요.

好的。 Hǎo de.
🎤 하오 더 알겠습니다.

能开一下空调吗？ Néng kāi yíxià kōngtiáo ma?
🎤 넝 카이 이샤 콩티아오 마
에어컨 좀 틀어 주실래요?

今天太热了。 Jīntiān tài rè le.
🎤 찐티엔 타이 러 러
오늘 너무 덥네요.

好。 Hǎo.
🎤 하오 알겠습니다.

路上需要多长时间？ Lùshang xūyào duō cháng shíjiān?
🎤 루상 쉬야오 뚸 창 스찌엔
가는 데 얼마나 걸리나요?

到目的地还剩15公里。 Dào mùdìdì hái shèng shíwǔ gōnglǐ.
🎤 따오 무띠띠 하이 성 스우 꽁리
목적지까지 15km 남았어요.

大概需要20分钟吧。 Dàgài xūyào èrshí fēnzhōng ba.
🎤 따까이 쉬야오 얼스 펀쫑 바
대략 20분 정도 걸릴 겁니다.

알아 둡시다

중국의 차 문화

중국의 식당에서는 식사하며 차를 같이 마신다. 기본 차를 무료로 제공하는 식당이 있는가 하면, 차 메뉴판이 따로 있을 정도로 다양한 차를 파는 식당도 있다. 원하는 종류의 차가 있다면 메뉴를 확인한 후 주문하면 된다. 주전자 단위로 주문하는 것이 일반적이고, 따뜻한 물은 무료로 계속 보충할 수 있다.

찻주전자
茶壶 cháhú
차후

찻잔
茶杯 chábēi
차뻬이

请帮我加点儿热水。
Qǐng bāng wǒ jiā diǎnr rèshuǐ.
🎤 칭 빵 워 쨔 디알 러쉐이
따뜻한 물을 추가해 주세요.

철관음차
铁观音
tiěguānyīn
티에꽌인

청차의 일종으로, 푸젠성 안시현에서 생산된다. 과일향과 부드러운 단맛이 특징이다.

보이차
普洱茶
pǔ'ěrchá
푸얼차

흑차의 일종으로, 홍차보다 짙은 붉은빛 찻물이 우러나온다.

모리화차
茉莉花茶
mòlìhuāchá
모리화차

연하게 발효시킨 찻잎에 재스민 꽃향기를 입힌 향차. 재스민차로 더 잘 알려져 있다.

어디에서 표를 살 수 있나요?

在哪儿可以**买票**?

Zài nǎr kěyǐ mǎi piào?

🎤 짜이 날 커이 마이 퍄오

여행 중에는 장소를 물을 일이 빈번히 발생합니다. 핵심 표현 01에서는 특정 장소가 어디인지 묻는 표현을 배웠다면, 이번에는 차표는 어디에서 사는지, 원하는 목적지로 데려다줄 올바른 승강장은 어디인지, 내가 원하는 서비스는 어디에서 제공받을 수 있는지 좀 더 구체적으로 묻는 표현을 소개합니다. 在哪儿可以……? 짜이 날 커이 ~는 '어디에서 ~할 수 있나요?'라는 문형입니다. 뒤에 구체적인 행동이나 원하는 서비스를 동사구 형태로 넣어 문장을 완성하세요. 중국에서 장거리 이동을 한다면 기차를 이용하는 것이 좋은데요, 우리나라처럼 인터넷으로 기차표를 예매할 수 있지만, 탑승 전에 예약한 기차표 실물을 현장에서 반드시 수령해야 한다는 점을 명심하세요.

在哪儿可以……? 어디에서  할 수 있나요?

어디에서 표를
살 수 있나요?

在哪儿可以买票?
Zài nǎr kěyǐ mǎi piào?
짜이 날 커이 마이 퍄오

어디에서 지하철표를
살 수 있나요?

在哪儿可以买地铁票?
Zài nǎr kěyǐ mǎi dìtiě piào?
짜이 날 커이 마이 띠티에 퍄오

어디에서 3호선으로
갈아탈 수 있나요?★

在哪儿可以换3号线?
Zài nǎr kěyǐ huàn sān hàoxiàn?
짜이 날 커이 환 싼 하오셴

어디에서
왕푸징으로 가는
버스를 탈 수 있나요?

在哪儿可以坐去王府井的公交车?
Zài nǎr kěyǐ zuò qù Wángfǔjǐng de gōngjiāochē?
짜이 날 커이 쭤 취 왕푸징 더 꽁쨔오처

어디에서 택시를
잡을 수 있나요?

在哪儿可以打的?
Zài nǎr kěyǐ dǎdī?
짜이 날 커이 다띠

어디에서 셔틀버스를
탈 수 있나요?

在哪儿可以坐班车?
Zài nǎr kěyǐ zuò bānchē?
짜이 날 커이 쭤 빤처

 TIP
우리나라와 마찬가지로 중국의 지하철도 숫자로 노선을 구분합니다. 숫자 뒤에 号线 hàoxiàn 하오
셴을 붙여 1号线 yī hàoxiàn 이 하오셴, 2号线 èr hàoxiàn 얼 하오셴과 같이 표시합니다. 버스 번
호는 号线이 아니고 숫자 뒤에 路 lù 루를 붙여 표시합니다.

在 zài ~에서　　　哪儿 nǎr 어디
可以 kěyǐ 가능하다

09-01

✈

어디에서 시간표를 볼
수 있나요?(교통 수단)

在哪儿可以**看到时间表?**
Zài nǎr kěyǐ kàndào shíjiānbiǎo?
짜이 날 커이 칸따오 스찌엔비아오

어디에서 도시 지도를
얻을 수 있나요?

在哪儿可以**拿到城市地图?**
Zài nǎr kěyǐ nádào chéngshì dìtú?
짜이 날 커이 나따오 청스 띠투

어디에서 환전할 수
있나요?

在哪儿可以**换钱?**
Zài nǎr kěyǐ huànqián?
짜이 날 커이 환치엔

어디에서 아침을
먹을 수 있나요?

在哪儿可以**吃早餐?**
Zài nǎr kěyǐ chī zǎocān?
짜이 날 커이 츠 자오찬

어디에서 짐을
맡길 수 있나요?

在哪儿可以**寄存行李?**
Zài nǎr kěyǐ jìcún xíngli?
짜이 날 커이 찌춘 싱리

어디에서 짐을
찾을 수 있나요?

在哪儿可以**取行李?**
Zài nǎr kěyǐ qǔ xíngli?
짜이 날 커이 취 싱리

어디에서 담배를
피울 수 있나요?

在哪儿可以**吸烟?**
Zài nǎr kěyǐ xīyān?
짜이 날 커이 시옌

在哪儿可以……? 어디에서 할 수 있나요?

어디에서 인터넷을
사용할 수 있나요?

在哪儿可以上网?
Zài nǎr kěyǐ shàngwǎng?
짜이 날 커이 상왕

어디에서 기념품을
살 수 있나요?

在哪儿可以买纪念品?
Zài nǎr kěyǐ mǎi jìniànpǐn?
짜이 날 커이 마이 찌녠핀

어디에서 엽서를
살 수 있나요?

在哪儿可以买明信片?
Zài nǎr kěyǐ mǎi míngxìnpiàn?
짜이 날 커이 마이 밍신펜

어디에서 약을
살 수 있나요?

在哪儿可以买药?
Zài nǎr kěyǐ mǎi yào?
짜이 날 커이 마이 야오

어디에서 현지 음식을
맛볼 수 있나요?

在哪儿可以吃到当地菜?
Zài nǎr kěyǐ chīdào dāngdì cài?
짜이 날 커이 츠따오 땅띠 차이

어디에서 전통 음식을
먹어 볼 수 있나요?

在哪儿可以吃到传统料理?
Zài nǎr kěyǐ chīdào chuántǒng liàolǐ?
짜이 날 커이 츠따오 촨통 랴오리

어디에서 환불
받을 수 있나요?

在哪儿可以退款?
Zài nǎr kěyǐ tuìkuǎn?
짜이 날 커이 퉤이콴

请问，在哪儿可以买票？
Qǐngwèn, zài nǎr kěyǐ mǎi piào?
🎤 칭원 짜이 날 커이 마이 퍄오
실례지만, 어디에서 표를 살 수 있나요?

在这边排队就可以了。 Zài zhè biān páiduì jiù kěyǐ le.
🎤 짜이 쩌 삐엔 파이뛔이 쮸 커이 러
여기 줄을 서면 됩니다.

买两张大人的，一张小孩儿的。
Mǎi liǎng zhāng dàren de, yì zhāng xiǎoháir de.
🎤 마이 량 짱 따런 더, 이 짱 샤오할 더
어른 두 장, 어린이 한 장 주세요.

一共多少钱？ Yígòng duōshao qián?
🎤 이꽁 뚸샤오 치엔
전부 얼마예요?

230块。 Liǎngbǎi sānshí kuài.
🎤 량바이 싼스 콰이
230위안입니다.

票在这里。 Piào zài zhèli.
🎤 퍄오 짜이 쩌리
티켓 여기 있습니다.

祝你们玩得开心。
Zhù nǐmen wán de kāixīn.
🎤 쮸 니먼 완 더 카이신
즐거운 시간 되십시오.

이거 어떻게 사용해요?

这个怎么用?

Zhège zěnme yòng?

🎤 쩌거 전머 용

怎么 전머는 '어떻게'라는 뜻의 의문사입니다. 영어의 how 하우에 해당하는 단어예요. 객실의 시설물 사용법이나 새로 구매하는 물건의 작동 방법 등을 물을 때 사용할 수 있어요. '사용하다'라는 뜻의 동사 用 용과 함께 怎么用? 전머 용이라고 하면 '어떻게 사용해요?'라는 표현이 되고, '(걸어)가다'라는 뜻의 走 저우와 함께 怎么走? 전머 저우라고 물으면 '(~에) 어떻게 가나요?'라는 표현이 됩니다.

요즘 여행지에서의 길 찾기는 모바일 지도 앱의 도움을 많이 받는 것이 사실입니다. 중국에서는 高德地图 까오더 띠투, 百度地图 바이뚜 띠투 앱을 사용해 보세요. 도시별 지하철 및 버스 노선도 제공은 물론이고 네비게이션 기능도 탑재되어 있습니다.

★ 用 yòng 사용하다, 走 zǒu (걸어)가다,
高德地图 Gāodé Dìtú 까오더 띠투(중국 모바일 지도 앱),
百度地图 Bǎidù Dìtú 바이두 띠투(중국 모바일 지도 앱)

怎么……?

어떻게 ⬚⬚⬚⬚⬚ 하나요?

이거 어떻게 사용해요?

这个怎么用?
Zhège zěnme yòng?
쩌거 전머 용

이 커피 머신 어떻게 쓰는 거예요?

这台咖啡机怎么用?
Zhè tái kāfēijī zěnme yòng?
쩌 타이 카페이찌 전머 용

이 앱 어떻게 쓰는 거예요?*

这个APP怎么用?
Zhège *APP* zěnme yòng?
쩌거 APP(앱) 전머 용

할인 쿠폰 어떻게 쓰는 거예요?

优惠券怎么用?
Yōuhuìquàn zěnme yòng?
여우훼이췐 전머 용

위챗 친구 어떻게 추가해요?*

微信好友怎么加?
Wēixìn Hǎoyǒu zěnme jiā?
웨이신 하오여우 전머 쨔

이거 중국어로 어떻게 말해요?

这个用汉语怎么说?
Zhège yòng Hànyǔ zěnme shuō?
쩌거 용 한위 전머 수어

TIP
앱(애플리케이션)은 중국어로 应用 yīngyòng 잉용이라고 하고, APP 앱이라고 영어 표현을 그대로 사용하기도 해요. 중국에서 가장 널리 쓰이는 메신저 앱은 微信 Wēixìn 웨이신입니다. 위챗(WeChat)이라고도 하는데요, 중국인 친구를 사귀면 서로 위챗 친구 맺기를 해 보세요. 상점이나 식당 등의 위챗 계정과 친구를 맺으면 할인 쿠폰이나 다양한 이벤트 소식을 받아 볼 수도 있습니다.

🎧 10-01

怎么 zěnme 어떻게

✈

식료품점에 어떻게 가요?

食品店怎么走?
Shípǐndiàn zěnme zǒu?
스핀뗸 전머 저우

해변에 어떻게 가요?

海边怎么走?
Hǎibiān zěnme zǒu?
하이삐엔 전머 저우

톈탄공원에 어떻게 가요?

天坛公园怎么走?
Tiāntán Gōngyuán zěnme zǒu?
톈탄 꽁위엔 전머 저우

예약 어떻게 변경해요?

怎么更改预约?
Zěnme gēnggǎi yùyuē?
전머 껑가이 위위에

투어 어떻게 신청해요?

怎么报旅游团?
Zěnme bào lǚyóutuán?
전머 빠오 뤼여우퇀

모닝콜 어떻게 예약해요?

怎么订叫醒服务?
Zěnme dìng jiàoxǐng fúwù?
전머 띵 쨔오싱 푸우

당신에게 어떻게 연락해요?

怎么跟您联系?
Zěnme gēn nín liánxì?
전머 껀 닌 리엔시

这台洗衣机怎么用? Zhè tái xǐyījī zěnme yòng?
🎤 쩌 타이 시이찌 전머 용
이 세탁기 어떻게 사용하나요?

按一下这个按钮就可以了。
Àn yíxià zhège ànniǔ jiù kěyǐ le.
🎤 안 이샤 쩌거 안니우 쮸 커이 러
이 버튼만 누르면 됩니다.

这门怎么锁? Zhè mén zěnme suǒ?
🎤 쩌 먼 전머 쉮
이 문은 어떻게 잠그나요?

这里有钥匙。 Zhèli yǒu yàoshi.
🎤 쩌리 여우 야오스
여기 열쇠가 있습니다.

我教你怎么用。 Wǒ jiāo nǐ zěnme yòng.
🎤 워 쨔오 니 전머 용
어떻게 사용하는지 알려 드릴게요.

盐和油可以用吗? Yán hé yóu kěyǐ yòng ma?
🎤 옌 허 여우 커이 용 마
소금이나 오일 써도 되나요?

当然可以。 Dāngrán kěyǐ.
🎤 땅란 커이
물론입니다.

★ 만리장성 ★

长城
Cháng Chéng
창 청

진시황제가 북쪽에서 침입하는 적으로부터 영토를 지킬 목적으로 쌓은 성벽으로, 중국의 최대 크기 건축물이자 인류 역사상 가장 큰 군사 건축물이다. 실제 길이가 '만 리'는 아니지만 성벽의 길고 거대함을 강조하여 '만리장성'이라 부르며, 중국에서는 **长城** Cháng Chéng 창 청이라고 한다. 명대에 대대적인 보수 공사가 진행되었으며, 현재의 모습은 이때 완성된 것으로 볼 수 있다. 가장 보존이 잘 되어 있어 관광객이 많이 찾는 곳은 팔달령 장성(**八达岭长城** Bādálǐng Cháng Chéng 빠다링 창 청)으로, 베이징 북서쪽 약 70km 거리에 위치해 있다.

지갑 좀 보여 주세요.

请给我看看钱包。

Qǐng gěi wǒ kànkan qiánbāo.

🎤 칭 게이 워 칸칸 치엔빠오

여행 중 쇼핑은 빼놓을 수 없는 즐거움입니다. 상점에서 원하는 물건을 보여 달라고 부탁하는 말로, **请给我看看……。** 칭 게이 워 칸칸~을 사용할 수 있어요. '지갑'이나 '향수'처럼 구체적인 물건을 넣어 말할 수도 있고, '최신 모델', '인기 있는 스타일' 등의 단어를 넣어 말할 수도 있습니다.

중국은 우리나라와 할인율을 표기하는 방법이 다릅니다. 한국에서는 '70% 세일'이라고 하면 정가에서 70%를 할인하여 판매하죠? 중국에서는 **打7折** 다 치 저라고 되어 있으면 30%를 할인하여 정가의 70% 가격으로 판매한다는 뜻입니다. '할인하다', '깎다'라는 뜻의 동사 **折** 저 앞의 숫자가 바로 정가에서 할인이 적용된 비율을 뜻하는 거예요. **打1折** 다 이 저이면 정가의 10% 가격에 물건을 살 수 있고, **打2折** 다 얼 저이면 정가의 20% 가격에, **打9折** 다 지우 저이면 정가의 90% 가격에 물건을 살 수 있습니다. 한국과 반대로 나타낸다고 생각하면 이해가 좀 더 쉬워요.

★ **打折** dǎzhé 할인하다, **折** zhé 할인하다, 깎다

请给我看看……。

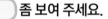 좀 보여 주세요.

지갑 좀 보여 주세요.

请给我看看钱包。
Qǐng gěi wǒ kànkan qiánbāo.
칭 게이 워 칸칸 치엔빠오

향수 좀 보여 주세요.

请给我看看香水。
Qǐng gěi wǒ kànkan xiāngshuǐ.
칭 게이 워 칸칸 샹쉐이

립스틱 좀 보여 주세요.

请给我看看口红。
Qǐng gěi wǒ kànkan kǒuhóng.
칭 게이 워 칸칸 커우홍

선글라스 좀
보여 주세요.

请给我看看墨镜。
Qǐng gěi wǒ kànkan mòjìng.
칭 게이 워 칸칸 모찡

재킷 좀 보여 주세요.

请给我看看夹克衫。
Qǐng gěi wǒ kànkan jiākèshān.
칭 게이 워 칸칸 쨔커산

셔츠 좀 보여 주세요.

请给我看看衬衫。
Qǐng gěi wǒ kànkan chènshān.
칭 게이 워 칸칸 천산

➕ **플러스 단어** 핵심 패턴에 넣어 문장을 만들어 보세요! ······················

치마 裙子 qúnzi 췬즈   **바지** 裤子 kùzi 쿠즈   **운동화** 运动鞋 yùndòngxié 윈똥시에
모자 帽子 màozi 마오즈

请 qǐng 　상대에게 어떤 일을 부탁할 때 쓰는 경어
给 gěi 　~에게, ~를 향하여
我 wǒ 　나　　　　看看 kànkan 　좀 보여 주다

11-01

다른 색으로 좀
보여 주세요.

请给我看看别的颜色。
Qǐng gěi wǒ kànkan biéde yánsè.
칭 게이 워 칸칸 비에더 옌써

할인 상품 좀
보여 주세요.

请给我看看打折商品。
Qǐng gěi wǒ kànkan dǎzhé shāngpǐn.
칭 게이 워 칸칸 다저 상핀

저렴한 것 좀
보여 주세요.

请给我看看便宜的。
Qǐng gěi wǒ kànkan piányi de.
칭 게이 워 칸칸 피엔이 더

최신 모델 좀
보여 주세요.

请给我看看最新款。
Qǐng gěi wǒ kànkan zuì xīnkuǎn.
칭 게이 워 칸칸 쮀이 신콴

유행하는 스타일 좀
보여 주세요.

请给我看看流行的款式。
Qǐng gěi wǒ kànkan liúxíng de kuǎnshì.
칭 게이 워 칸칸 리우싱 더 콴스

가장 인기 있는
제품 좀 보여 주세요.

请给我看看最有名的产品。
Qǐng gěi wǒ kànkan zuì yǒumíng de chǎnpǐn.
칭 게이 워 칸칸 쮀이 여우밍 더 찬핀

선물하기 좋은 것 좀
보여 주세요.

请给我看看适合送礼的。
Qǐng gěi wǒ kànkan shìhé sònglǐ de.
칭 게이 워 칸칸 스허 쏭리 더

면세점에서 쇼핑하기

您需要什么? Nín xūyào shénme?
🎤닌 쉬야오 선머 무엇을 도와 드릴까요?

我想给家人买点礼物。 Wǒ xiǎng gěi jiārén mǎi diǎn lǐwù.
🎤워 샹 게이 쨔런 마이 디엔 리우 가족들을 위해 선물을 좀 사고 싶습니다.

中国的传统茶怎么样?
Zhōngguó de chuántǒng chá zěnmeyàng?
🎤쭝궈 더 촨통 차 전머양 중국 전통 차는 어떠세요?

不错啊，请给我看看最有名的茶。
Búcuò a, qǐng gěi wǒ kànkan zuì yǒumíng de chá.
🎤부춰 아 칭 게이 워 칸칸 쮀이 여우밍 더 차
좋은데요? 가장 인기 있는 차를 좀 보여 주세요.

我喜欢这种。就买这个吧。
Wǒ xǐhuan zhè zhǒng. Jiù mǎi zhège ba.
🎤워 시환 쩌 종 쮸 마이 쩌거 바
이게 마음에 들어요. 이걸로 할게요.

请出示您的护照和机票。
Qǐng chūshì nín de hùzhào hé jīpiào.
🎤칭 추스 닌 더 후짜오 허 찌퍄오 여권과 항공권 보여 주세요.

在这儿。我刷卡吧。 Zài zhèr. Wǒ shuākǎ ba.
🎤짜이 쩔 워 솨카 바 여기 있습니다. 계산은 카드로 할게요.

请拿好。 Qǐng náhǎo.
🎤칭 나하오 여기 있습니다.

알아 둡시다

숫자 세기

왼쪽의 손 그림은 한 손으로 1부터 10까지 나타내는 방법으로, 중국 사람들이 자주 사용해요. 따라 해 보세요!

1, 일
一 yī 이

한 개
一个 yí ge 이 거

6, 육
六 liù 류

여섯 개
六个 liù ge 류 거

2, 이
二 èr 얼

두 개
两个* liǎng ge 량 거

7, 칠
七 qī 치

일곱 개
七个 qī ge 치 거

3, 삼
三 sān 싼

세 개
三个 sān ge 싼 거

8, 팔
八 bā 빠

여덟 개
八个 bā ge 빠 거

4, 사
四 sì 쓰

네 개
四个 sì ge 쓰 거

9, 구
九 jiǔ 지우

아홉 개
九个 jiǔ ge 지우 거

5, 오
五 wǔ 우

다섯 개
五个 wǔ ge 우 거

10, 십
十 shí 스

열 개
十个 shí ge 스 거

★ 두 개는 二个가 아니고 两个 liǎng ge 량 거입니다. 꼭 기억해 두세요!

훠궈를 먹고 싶어요.

我想**吃火锅**。

Wǒ xiǎng chī huǒguō.

🎤 워 샹 츠 훠궈

想 샹은 '생각하다', '그리워 하다'라는 뜻도 있지만, 다른 동사 앞에 쓰여 '~하고 싶다'라는 뜻
으로도 많이 사용됩니다. 자신의 요구를 말할 때 유용하게 쓰이는 표현이니 꼭 기억해 두세요.
'먹다'라는 뜻의 동사 吃 츠와 함께 쓰여 我想吃……。 워 샹 츠~라고 하면 '저는 ~을 먹고 싶
습니다.'라는 표현이 되고, '마시다'라는 뜻의 喝 허와 함께 我想喝……。 워 샹 허~라고 하면
'저는 ~을 마시고 싶습니다.'라는 표현이 됩니다. 당연히 이 표현을 사용해 식당이나 카페에서
주문도 가능합니다.

중국 식당에서 요리를 주문할 때는 차가운 요리, 따뜻한 메인 요리, 면이나 만두류 같은 주식 순
서로 시키는 것이 일반적입니다. 마지막에 디저트를 추가할 수도 있어요. 메뉴판에 찬 음식은
凉菜 량차이, 따뜻한 요리는 热菜 러차이, 주식은 主食 주스, 디저트는 甜点 티엔디엔으로 나
뉘어 안내되어 있습니다.

★ 喝 hē 마시다, 凉菜 liángcài 차가운 요리, 热菜 rècài 따뜻한 요리,
主食 zhǔshí 주식, 甜点 tiándiǎn 디저트

我想吃火锅。

我想……。

하고 싶어요.

훠궈를 먹고 싶어요.

我想吃火锅。
Wǒ xiǎng chī huǒguō.
워 샹 츠 훠꿔

베이징 오리구이를
먹고 싶어요.

我想吃北京烤鸭。
Wǒ xiǎng chī Běijīng kǎoyā.
워 샹 츠 베이찡 카오야

샐러드를 먹고 싶어요.

我想吃色拉。
Wǒ xiǎng chī sèlā.
워 샹 츠 써라

아메리카노를
마시고 싶어요. ★

我想喝美式咖啡。
Wǒ xiǎng hē měishì kāfēi.
워 샹 허 메이스 카페이

버블티를
마시고 싶어요.

我想喝珍珠奶茶。
Wǒ xiǎng hē zhēnzhū nǎichá.
워 샹 허 쩐쭈 나이차

녹차를 마시고 싶어요.

我想喝绿茶。
Wǒ xiǎng hē lǜchá.
워 샹 허 뤼차

 TIP

카페 음료 사이즈 숏 사이즈(237ml/8oz) → 小杯 xiǎo bēi 샤오 뻬이 | 톨 사이즈(355ml/12oz)
→ 中杯 zhōng bēi 쫑 뻬이 | 그란데 사이즈(473ml/17oz) → 大杯 dà bēi 따 뻬이 | 벤티 사이즈
(591ml/20oz) → 特大杯 tèdà bēi 터따 뻬이

12-01

我 wǒ 나   想 xiǎng   ~하고 싶다

✈

전신 마사지를 받고 싶어요.

我想做全身按摩。
Wǒ xiǎng zuò quánshēn ànmó.
워 샹 쭤 취엔선 안모

발 마사지를 받고 싶어요.

我想做足疗。
Wǒ xiǎng zuò zúliáo.
워 샹 쭤 주랴오

일일 시내 투어를 하고 싶어요.

我想去市区一日游。
Wǒ xiǎng qù shìqū yí rì yóu.
워 샹 취 스취 이 르 여우

쇼핑을 하고 싶어요.

我想去逛街。
Wǒ xiǎng qù guàngjiē.
워 샹 취 꽝쩨

경극 관람을 하고 싶어요.

我想看京剧。
Wǒ xiǎng kàn jīngjù.
워 샹 칸 찡쮜

전망대에 오르고 싶어요.

我想上观景台。
Wǒ xiǎng shàng guānjǐngtái.
워 샹 상 꽌징타이

예약 확인을 하고 싶어요.

我想确认预约。
Wǒ xiǎng quèrèn yùyuē.
워 샹 취에런 위위에

마사지샵 예약하기

 12-02

我想做全身按摩。可以预约吗?
Wǒ xiǎng zuò quánshēn ànmó. Kěyǐ yùyuē ma?
🎤 워 샹 쮜 취엔션 안모 커이 위위에 마
저는 전신 마사지를 받고 싶어요. 예약 가능한가요?

可以。您什么时候过来? Kěyǐ. Nín shénme shíhou guòlái?
🎤 커이 닌 션머 스허우 꿔라이
네, 가능합니다. 언제 방문하실 예정인가요?

明天。 Míngtiān. 🎤 밍티엔 내일요.

上午还是下午方便? Shàngwǔ háishi xiàwǔ fāngbiàn?
🎤 상우 하이스 샤우 팡삐엔 오전, 오후 중 언제가 좋으신가요?

下午更好，5点以后吧。 Xiàwǔ gèng hǎo, wǔ diǎn yǐhòu ba.
🎤 샤우 껑 하오 우 디엔 이허우 바 오후가 좋습니다. 5시 이후로요.

现在5点、6点都可以预约。
Xiànzài wǔ diǎn、liù diǎn dōu kěyǐ yùyuē.
🎤 셴짜이 우 디엔 류 디엔 떠우 커이 위위에
현재 5시와 6시 모두 예약 가능합니다.

那么订6点，两个人。 Nàme dìng liù diǎn, liǎng ge rén.
🎤 나머 띵 류 디엔 량 거 런 그럼 6시에 두 명 예약해 주세요.

好的。给您预订了明天下午6点，两位。
Hǎo de. Gěi nín yùdìng le míngtiān xiàwǔ liù diǎn, liǎng wèi.
🎤 하오 더 게이 닌 위띵 러 밍티엔 샤우 류 디엔 량 웨이
알겠습니다. 내일 오후 6시 두 분 예약해 드렸습니다.

음료 메뉴

따뜻한 음료를 원하면 앞에 热的 rè de 러 더를 붙이고, 시원한 음료를 원하면 앞에 冰的 bīng de 삥 더를 붙여 주문한다. 디카페인 커피는 低咖啡因咖啡 dī kāfēiyīn kāfēi 띠 카페이인 카페이.

아메리카노
美式咖啡
měishì kāfēi
메이스 카페이 | americano

카페라테
拿铁咖啡
nátiě kāfēi
나티에 카페이 | cafe latte

카페모카
摩卡咖啡
mókǎ kāfēi
모카 카페이 | mocha

카푸치노
卡布奇诺咖啡
kǎbùqínuò kāfēi
카뿌치눠 카페이 | cappuccino

밀크티
奶茶
nǎichá
나이차 | milktea

코코아
可可茶
kěkěchá
커커차 | cocoa

스무디
果昔
guǒxī
궈시 | smoothie

밀크셰이크
奶昔
nǎixī
나이시 | milkshake

버블티
珍珠奶茶
zhēnzhū nǎichá
쩐쭈 나이차 | bubble tea

89

3시까지 짐 보관 부탁드려요.
请帮我把行李寄存到三点钟。

Qǐng bāng wǒ bǎ xíngli jìcún dào sān diǎnzhōng.

🎤 칭 빵 워 바 싱리 찌춘 따오 싼 디엔쫑

请帮我……。 칭 빵 워~라고 하면 '저를 도와 ~해 주세요.'라는 부탁의 표현으로, 예의 바르고 공손하게 도움을 요청하는 말이 됩니다. 이때 帮 빵은 '돕다'라는 뜻입니다.

요즘 대부분의 호텔에서는 투숙객에게 짐 보관 서비스를 제공합니다. 여행 첫날이나 마지막날 비행기 시간과 호텔 체크인, 체크아웃 시간 사이에 시간이 많이 남는 경우, 무거운 여행용 가방을 끌고 다닐 필요 없이 호텔에 짐을 보관해 줄 수 있는지 문의해 보는 게 좋습니다. 또 공항은 물론이고 기차역이나 터미널, 시내의 교통 중심지 등 관광객이 많이 찾는 곳에는 유/무료 짐 보관 센터가 있는 경우가 많습니다. 유료는 收费 서우페이 또는 交费 쨔오페이라고 하고, 무료는 免费 미엔페이라고 합니다.

★ 收费 shōufèi 유료, 交费 jiāofèi 유료, 免费 miǎnfèi 무료

请帮我……。 을/를 부탁드려요.

3시까지 짐 보관
부탁드려요.

请帮我把行李寄存到三点钟。
Qǐng bāng wǒ bǎ xíngli jìcún dào sān diǎnzhōng.
칭 빵 워 바 싱리 찌춘 따오 싼 디엔쭁

내일 모닝콜
부탁드려요.

请帮我订明天的叫醒服务。
Qǐng bāng wǒ dìng míngtiān de jiàoxǐng fúwù.
칭 빵 워 띵 밍티엔 더 쨔오싱 푸우

숙박비 계산
부탁드려요.

请帮我结算住宿费。
Qǐng bāng wǒ jiésuàn zhùsùfèi.
칭 빵 워 지에쏸 쭈쑤페이

위안화로 환전
부탁드려요.

请帮我换成人民币。
Qǐng bāng wǒ huànchéng rénmínbì.
칭 빵 워 환청 런민삐

할인 부탁드려요.

请帮我打折。
Qǐng bāng wǒ dǎzhé.
칭 빵 워 다저

선물 포장
부탁드려요.

请帮我包装礼物。
Qǐng bāng wǒ bāozhuāng lǐwù.
칭 빵 워 빠오쫭 리우

자리를 바꿔 주시길
부탁드려요.

请帮我换个座位。
Qǐng bāng wǒ huàn ge zuòwèi.
칭 빵 워 환 거 쮜웨이

请	qǐng	상대에게 어떤 일을 부탁할 때 쓰는 경어
帮	bāng	돕다
我	wǒ	나

🎧 13-01

사진 촬영 좀 부탁드려요.	**请帮我拍照。** Qǐng bāng wǒ pāizhào. 칭 빵 워 파이짜오
좋은 장소 추천 부탁드려요.	**请帮我推荐好的地方。** Qǐng bāng wǒ tuījiàn hǎo de dìfang. 칭 빵 워 퉤이쪤 하오 더 띠팡
맛집 추천 부탁드려요.*	**请帮我推荐美食店。** Qǐng bāng wǒ tuījiàn měishídiàn. 칭 빵 워 퉤이쪤 메이스뗸
통역 부탁드려요.	**请帮我翻译一下。** Qǐng bāng wǒ fānyì yíxià. 칭 빵 워 판이 이샤
구급차를 불러 주세요.	**请帮我叫救护车。** Qǐng bāng wǒ jiào jiùhùchē. 칭 빵 워 쨔오 쮸후처
경찰을 불러 주세요.	**请帮我叫警察。** Qǐng bāng wǒ jiào jǐngchá. 칭 빵 워 쨔오 징차

⭐ **TIP**

'맛집'은 美食店 měishídiàn 메이스뗸이라고도 하고, **好吃的餐厅** hǎochī de cāntīng 하오츠 더 찬팅이라고도 합니다. 중국인들의 리뷰와 추천을 확인할 수 있는 앱 **大众点评** Dàzhòng Diǎnpíng 따쫑 디엔핑을 소개합니다. 앱을 통해 가게 영업 시간, 할인 쿠폰, 이벤트 등도 확인할 수 있습니다.

회화 ★ 13 **호텔 체크아웃하기**

我要退房。 Wǒ yào tuì fáng.
🎤 워 야오 퉤이 팡
체크아웃하려고 합니다.

好，请退还客房的钥匙。
Hǎo, qǐng tuìhuán kèfáng de yàoshi.
🎤 하오 칭 퉤이환 커팡 더 야오스
네. 객실 열쇠 반납해 주세요.

给您。 顺便问一下，
请帮我把行李寄存到三点钟可以吗?
Gěi nín. Shùnbiàn wèn yíxià,
qǐng bāng wǒ bǎ xíngli jìcún dào sān diǎnzhōng kěyǐ ma?
🎤 게이 닌 순뻰 원 이샤 칭 빵 워 바 싱리 찌춘 따오 싼 디엔쭝 커이 마
여기 있습니다. 그런데 혹시 3시까지 짐 좀 맡아 줄 수 있을까요?

可以的。 Kěyǐ de.
🎤 커이 더
네. 가능합니다.

谢谢。4个小时以内我再来取。
Xièxie. Sì ge xiǎoshí yǐnèi wǒ zài lái qǔ.
🎤 씨에시에 쓰 거 샤오스 이네이 워 짜이 라이 취
고맙습니다. 4시간 이내에 다시 오겠습니다.

好的。这是寄存行李的收据。
Hǎo de. Zhè shì jìcún xíngli de shōujù.
🎤 하오 더 쩌 스 찌춘 싱리 더 서우쮜
알겠습니다. 여기 위탁 수하물표가 있습니다.

★ 병마용 ★

兵马俑
Bīngmǎyǒng

삥마용

산시성 시안시의 유적. 병마용은 진시황의 장례에 사용된 부장품으로, 흙으로 빚은 병사와 말, 활과 전차 등의 모형을 가리킨다. 갱 속에 묻어 둔 병마용의 규모도 놀랍지만, 이들은 모두 실제 크기로 제작되었고, 복장과 무기가 디테일하게 표현되어 있으며, 병사들의 표정 또한 전부 달라서 20세기 최고의 인류학적 발견으로 꼽힌다.

중국 역사가 사마천의 『사기』에 실제 황궁을 지하 세계에 그대로 재현한 진시황릉에 대한 기록이 저술되어 있다. 그러나 실제 유적을 발견한 것은 1974년으로, 우물을 파던 농민에 의해 우연히 세상에 모습을 드러내게 되었다. 병마용이 묻힌 병마용갱은 현재까지 총 4개가 발견되었으며, 여전히 발굴 작업이 진행 중이다.

저는 관광하러 왔어요.

我是**来旅游**的。

Wǒ shì lái lǚyóu de.

🎤 워 스 라이 뤼여우 더

미국은 공항에서 외국인을 대상으로 입국 심사를 할 때 여행자의 나이나 직업, 또는 여행 목적이나 체류 기간 등에 대해 간단한 질문을 하는 경우가 많습니다. 국적과 상관 없이 영어로 질문을 하기 때문에 영어가 서툰 사람들은 입국 심사에 대비해 예상 질문에 대한 대답을 연습해 가는 경우도 있죠. 이에 비해 중국은 입국 심사 시 따로 구두 질문은 거의 하지 않아요. 대신 여행 목적에 맞는 비자를 미리 발급받아 가야 하고, 중국에 처음 입국하는 경우라면 지문 등록을 거쳐야 입국이 허가됩니다.

하지만 입국 심사가 아니더라도 여행 중에 본인의 여행 목적이나 체류지, 동행 등에 대해 설명해야 하는 경우가 종종 생기는데요, 이때 유용한 표현이 바로 我是……的。워 스 ~더입니다. 맨 뒤의 的는 생략 가능해요.

我是⋯⋯的。

저는 [　　　　　　] 하러 왔어요.

저는 관광하러 왔어요.

我是来旅游的。
Wǒ shì lái lǚyóu de.
워 스 라이 뤼여우 더

저는 휴가 왔어요.

我是来休假的。
Wǒ shì lái xiūjià de.
워 스 라이 시우쨔 더

저는 출장 왔어요.

我是来出差的。
Wǒ shì lái chūchāi de.
워 스 라이 추차이 더

저는 사업차 왔어요.

我是来办业务的。
Wǒ shì lái bàn yèwù de.
워 스 라이 빤 예우 더

저는 공부하러 왔어요.

我是来学习的。
Wǒ shì lái xuéxí de.
워 스 라이 쉬에시 더

저는 친구 만나러 왔어요.

我是来看朋友的。
Wǒ shì lái kàn péngyou de.
워 스 라이 칸 펑여우 더

저는 가족을 방문하러 왔어요.

我是来探亲的。
Wǒ shì lái tànqīn de.
워 스 라이 탄친 더

我　　　　wǒ　　　　나

是……的　shì……de　　강조 문형(이미 발생했거나 완료된 일의 어떤 면을 강조하여 말할 때 사용. 일이 발생한 시간, 장소, 목적, 방식, 대상 등을 강조함.)

∩ 14-01

저는 혼자 왔어요.

我是一个人来的。
Wǒ shì yí ge rén lái de.
워 스 이 거 런 라이 더

저는 친구와 함께 왔어요.*

我是跟朋友一起来的。
Wǒ shì gēn péngyou yìqǐ lái de.
워 스 껀 펑여우 이치 라이 더

저는 가족들과 함께 왔어요.

我是和家人一起来的。
Wǒ shì hé jiārén yìqǐ lái de.
워 스 허 쨔런 이치 라이 더

저는 단체 여행 왔어요.

我是跟旅行团来的。
Wǒ shì gēn lǚxíngtuán lái de.
워 스 껀 뤼싱퇀 라이 더

저는 베이징에 처음 왔어요.

我是第一次来北京。
Wǒ shì dì-yī cì lái Běijīng.
워 스 띠 이 츠 라이 베이찡

저는 칭다오에 두 번째 왔어요.

我是第二次来青岛。
Wǒ shì dì-èr cì lái Qīngdǎo.
워 스 띠 얼 츠 라이 칭다오

★ **TIP**
연인 사이의 남자친구는 **男朋友** nánpéngyou 난펑여우, 여자친구는 **女朋友** nǚpéngyou 뉘펑여우 라고 합니다.

사진 촬영 부탁하기

能帮我拍张照片吗?

Néng bāng wǒ pāi zhāng zhàopiàn ma?

🎤 넝 빵 워 파이 짱 짜오펜 마

사진 좀 찍어 주실 수 있나요?

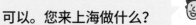

可以。您来上海做什么?

Kěyǐ. Nín lái Shànghǎi zuò shénme?

🎤 커이 닌 라이 상하이 쭤 선머

그럼요. 상하이에 무슨 일로 오셨나요?

我是来旅游的。打算呆一周时间。

Wǒ shì lái lǚyóu de. Dǎsuàn dāi yì zhōu shíjiān.

🎤 워 스 라이 뤼여우 더 다쏸 따이 이 쩌우 스찌엔

관광하러 왔어요. 일주일 동안 머물 예정이에요.

您是第一次来上海吗?

Nín shì dì-yī cì lái Shànghǎi ma?

🎤 닌 스 띠 이 츠 라이 상하이 마

상하이에 처음 오셨나요?

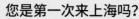

是第一次。值得看的地方很多。

Shì dì-yī cì. Zhídé kàn de dìfang hěn duō.

🎤 스 띠 이 츠 즈더 칸 더 띠팡 헌 뚸

네. 처음 왔습니다. 볼거리가 참 많아요.

那我开始拍了。一、二、三!

Nà wǒ kāishǐ pāi le. Yī、èr、sān!

🎤 나 워 카이스 파이 러 이 얼 싼

그럼 사진 찍습니다. 하나, 둘, 셋!

★ 와이탄 ★

外滩

Wàitān

와이탄

상하이 황푸강(**黄浦江** Huángpǔ Jiāng 황푸 쨩) 서쪽의 강변 산책로.
와이탄에서는 황푸강을 따라 늘어선 유럽풍의 건물들을 감상하며 이국적
인 분위기를 즐길 수 있고, 황푸강 건너편 **浦东** Pǔdōng 푸뚱 지역의 화
려한 고층 빌딩들이 만들어 내는 스카이라인도 감상할 수 있다. 와이탄에
서 바라본 푸뚱 지역의 화려한 야경은, 상하이 경제특구로 지정된 푸뚱의
진면모를 여실히 보여 주며, 상하이를 왜 '중국의 경제 수도'라고 하는지
알게 할 만한 장관을 자랑한다.

★15★
핵심 표현

짐을 못 찾겠어요.

找不到行李。

Zhǎo bu dào xíngli.

🎤 자오 부 따오 싱리

중국어에는 동사 뒤에 다른 동사나 형용사를 붙여 동작의 결과를 나타내는 '보어'가 있습니다. '찾다'라는 동사 找 자오 뒤에 '동작이 기대한 목표에 이르지 못했음'을 나타내는 보어 不到 부 따오를 붙여 找不到 자오 부 따오라고 하면, '찾을 수 없다', '못 찾겠다'라는 의미가 됩니다. 비슷한 의미의 보어로 不了 부 랴오도 있습니다. 동사 뒤에서 '동작을 전혀 할 수 없거나 동작을 완료할 수 없음'을 나타냅니다.

위탁 수하물로 부친 짐이 여행지 공항에 도착하지 않은 상황은 상상만으로도 끔찍하지만, 너무 당황하지 마세요. 모든 공항에 분실물 센터가 있고, 이곳에서 위탁 수속 시 발급받은 수하물 표를 제시하면 공항과 항공사에서 적극적으로 짐을 찾아 줍니다.

동사 + **不到/不了** 을/를 못 하겠어요.

짐을 못 찾겠어요.
找不到行李。
Zhǎo bu dào xíngli.
자오 부 따오 싱리

매표소를 못 찾겠어요.
找不到售票处。
Zhǎo bu dào shòupiàochù.
자오 부 따오 서우퍄오추

엘리베이터를
못 찾겠어요.
找不到电梯。
Zhǎo bu dào diàntī.
자오 부 따오 뗸티

출구를 못 찾겠어요.
找不到出口。
Zhǎo bu dào chūkǒu.
자오 부 따오 추커우

탑승구를 못 찾겠어요.
找不到登机口。
Zhǎo bu dào dēngjīkǒu.
자오 부 따오 떵찌커우

기차표를 살 수 없어요.
买不到火车票。
Mǎi bu dào huǒchē piào.
마이 부 따오 훠처 퍄오

기념품을 살 수 없어요.
买不到纪念品。
Mǎi bu dào jìniànpǐn.
마이 부 따오 찌녠핀

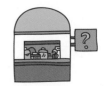

不到 bu dào 동사 뒤에서 보어로 쓰여 동작이 기대한 목표에 이르지 못함을 나타냄
不了 bu liǎo 동사 뒤에서 보어로 쓰여 동작을 전혀 할 수 없거나 동작을 완료할
수 없음을 나타냄

 🎧 15-01

문을 못 열겠어요.

开不了门。
Kāi bu liǎo mén.
카이 부 랴오 먼

불을 못 켜겠어요.

开不了灯。
Kāi bu liǎo dēng.
카이 부 랴오 떵

히터를 못 끄겠어요.

关不了暖器。
Guān bu liǎo nuǎnqì.
꽌 부 랴오 놘치

와이파이 연결을
못 하겠어요.

上不了网。
Shàng bu liǎo wǎng.
상 부 랴오 왕

온수를 못 쓰겠어요.

用不了热水。
Yòng bu liǎo rèshuǐ.
용 부 랴오 러쉐이

자판기를 못 쓰겠어요.

用不了自动售货机。
Yòng bu liǎo zìdòng shòuhuòjī.
용 부 랴오 쯔똥 서우훠찌

키오스크를
못 쓰겠어요.

用不了自助服务机。
Yòng bu liǎo zìzhù fúwùjī.
용 부 랴오 쯔쭈 푸우찌

수하물 분실 신고하기

在行李提取处找不到我的行李。
Zài xíngli tíqǔchù zhǎo bu dào wǒ de xíngli.
🎤 짜이 싱리 티취추 자오 부 따오 워 더 싱리
수하물 찾는 곳에서 제 짐을 못 찾겠어요.

我该怎么办？ Wǒ gāi zěnme bàn?
🎤 워 까이 전머 빤
어떻게 해야 하나요?

你有寄行李的收据吗？
Nǐ yǒu jì xíngli de shōujù ma?
🎤 니 여우 찌 싱리 더 서우쮜 마
수하물 표 가지고 계신가요?

有，在这儿。 Yǒu, zài zhèr.
🎤 여우 짜이 쩔
있어요. 여기요.

请填一下这张表。 Qǐng tián yíxià zhè zhāng biǎo.
🎤 칭 티엔 이샤 쩌 짱 비아오
이 서류를 작성해 주세요.

好的。写好了。 Hǎo de. Xiěhǎo le.
🎤 하오 더 시에하오 러
네. 작성했습니다.

谢谢。行李到达后，我们会送到您的住处。
Xièxie. Xíngli dàodá hòu, wǒmen huì sòngdào nín de zhùchù.
🎤 씨에시에 싱리 따오다 허우 워먼 훼이 쏭따오 닌 더 쭈추
고맙습니다. 짐이 도착하면 머물고 계신 주소로 배달해 드리겠습니다.

알아 둡시다

공항 장소 명칭

국제선 출발
国际出发 guójì chūfā
궈찌 추파

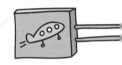

국제선 도착
国际到达 guójì dàodá
궈찌 따오다

수하물 수취대
行李提取处
xíngli tíqǔchù
싱리 티취추

보안 검색 구역
安检区 ānjiǎnqū
안지엔취

분실물 센터
失物招领中心
shīwù zhāolǐng zhōngxīn
스우 짜오링 쫑신

승무원
乘务员
chéngwùyuán
청우위엔

탑승구 **登机口** dēngjīkǒu 떵찌커우

환승 카운터 **换乘服务台**
huànchéng fúwùtái 환청 푸우타이

출입국 심사대 **出入境审查台**
chūrùjìng shěnchátái 추루찡 선차타이

셔틀버스 **班车** bānchē 빤처 /
区间车 qūjiānchē 취찌엔처

무빙워크 **自动步道**
zìdòng bùdào 쯔똥 뿌따오

언제 문을 여나요?

几点开门?

Jǐ diǎn kāimén?

🎤 지 디엔 카이먼

几点……? 지 디엔~은 '언제 ~하나요?'라는 표현으로 개점 시간, 체크인/체크아웃 시간, 공연 시작 시간 등 시간을 물을 때 사용할 수 있습니다. 같은 표현으로 什么时候……? 선머 스허우~도 함께 기억해 두세요. 대부분의 경우 둘 다 사용 가능하지만, 几点이 몇 시인지 더 구체적인 시각을 묻는 표현입니다. 그래서 현재 시각을 물을 때는 现在几点? 셴짜이 지 디엔이라고 합니다.

중국 관광지의 음식점도 우리나라처럼 점심시간과 저녁 시간 사이에 브레이크 타임이 있는 경우가 많습니다. 여행지에서의 소중한 시간을 낭비하는 일이 없도록, 가고 싶은 맛집의 브레이크 타임을 미리 체크해 두는 것이 좋겠지요?

★ 什么时候 shénme shíhou 언제, 现在 xiànzài 현재, 지금

109

几点……?

언제 하나요?

언제 문을 여나요?	**几点开门?** Jǐ diǎn kāimén? 지 디엔 카이먼
언제 문을 닫나요?	**几点关门?** Jǐ diǎn guānmén? 지 디엔 꽌먼
브레이크 타임은 언제인가요?	**休息时间是几点?** Xiūxi shíjiān shì jǐ diǎn? 시우시 스찌엔 스 지 디엔
조식은 언제 시작하나요?	**早餐几点开始?** Zǎocān jǐ diǎn kāishǐ? 자오찬 지 디엔 카이스
체크아웃 시간은 언제인가요?	**几点退房?** Jǐ diǎn tuì fáng? 지 디엔 퉤이 팡
공연이 몇 시에 시작하나요?	**演出几点开始?** Yǎnchū jǐ diǎn kāishǐ? 옌추 지 디엔 카이스
공연이 몇 시에 끝나나요?	**演出几点结束?** Yǎnchū jǐ diǎn jiéshù? 옌추 지 디엔 지에수

🎧 16-01

几 jǐ 몇   点 diǎn 시(시각을 나타냄)

✈

언제 출발하나요?

几点出发?
Jǐ diǎn chūfā?
지 디엔 추파

언제 도착하나요?

几点到达?
Jǐ diǎn dàodá?
지 디엔 따오다

언제 모이나요?

几点集合?
Jǐ diǎn jíhé?
지 디엔 지허

버스가 언제 출발하나요?

大巴几点出发?
Dàbā jǐ diǎn chūfā?
따빠 지 디엔 추파

첫차는 몇 시인가요?

头班车的时间是几点?
Tóubānchē de shíjiān shì jǐ diǎn?
터우빤처 더 스찌엔 스 지 디엔

만리장성 가는 마지막 버스는 몇 시에 있나요?

去长城的末班车是几点?
Qù Cháng Chéng de mòbānchē shì jǐ diǎn?
취 창 청 더 모빤처 스 지 디엔

다음 기차는 몇 시에 오나요?

下一趟火车是几点?
Xià yí tàng huǒchē shì jǐ diǎn
샤 이 탕 훠처 스 지 디엔

호텔 조식 이용 묻기

16-02

请问早餐几点开始?
Qǐngwèn zǎocān jǐ diǎn kāishǐ?
🎤 칭원 자오찬 지 디엔 카이스
아침 식사는 몇 시부터인가요?

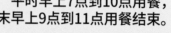

平时早上7点到10点用餐，
周末早上9点到11点用餐结束。
Píngshí zǎoshang qī diǎn dào shí diǎn yòngcān,
zhōumò zǎoshang jiǔ diǎn dào shíyī diǎn yòngcān jiéshù.

🎤 핑스 자오상 치 디엔 따오 스 디엔 용찬
쩌우모 자오상 지우 디엔 따오 스이 디엔 용찬 지에수

평일에는 오전 7시부터 10시까지가 식사 시간이고,
주말에는 오전 9시부터 11시까지입니다.

在哪里吃早餐? Zài nǎli chī zǎocān?
🎤 짜이 나리 츠 자오찬
어디에서 먹을 수 있나요?

在1楼大厅旁边的西餐厅。
Zài yī lóu dàtīng pángbiān de xīcāntīng.
🎤 짜이 이 러우 따팅 팡삐엔 더 시찬팅
1층 로비 옆에 있는 레스토랑으로 오시면 됩니다.

需要提前预约吗? Xūyào tíqián yùyuē ma?
🎤 쉬야오 티치엔 위위에 마
미리 예약해야 하나요?

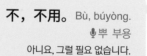

不，不用。 Bù, búyòng.
🎤 뿌 부용
아니요, 그럴 필요 없습니다.

시각 읽기

1시	2시★	3시	4시
一点 yī diǎn 이 디엔	**两点** liǎng diǎn 량 디엔	**三点** sān diǎn 싼 디엔	**四点** sì diǎn 쓰 디엔
5시	6시	7시	8시
五点 wǔ diǎn 우 디엔	**六点** liù diǎn 류 디엔	**七点** qī diǎn 치 디엔	**八点** bā diǎn 빠 디엔
9시	10시	11시	12시
九点 jiǔ diǎn 지우 디엔	**十点** shí diǎn 스 디엔	**十一点** shíyī diǎn 스이 디엔	**十二点** shí'èr diǎn 스얼 디엔
5분	10분	15분	15분
五分 wǔ fēn 우 펀	**十分** shí fēn 스 펀	**十五分** shíwǔ fēn 스우 펀	**一刻** yí kè 이 커
20분	25분	30분	반
二十分 èrshí fēn 얼스 펀	**二十五分** èrshíwǔ fēn 얼스우 펀	**三十分** sānshí fēn 싼스 펀	**半** bàn 빤
35분	40분	45분	45분
三十五分 sānshíwǔ fēn 싼스우 펀	**四十分** sìshí fēn 쓰스 펀	**四十五分** sìshíwǔ fēn 쓰스우 펀	**三刻** sān kè 싼 커
50분	55분	아침	점심
五十分 wǔshí fēn 우스 펀	**五十五分** wǔshíwǔ fēn 우스우 펀	**早上** zǎoshang 자오상	**白天** báitiān 바이티엔
저녁	오전	정오	오후
晚上 wǎnshang 완상	**上午** shàngwǔ 상우	**中午** zhōngwǔ 쫑우	**下午** xiàwǔ 샤우

★ 2시는 二点 이 아니고 **两点** liǎng diǎn입니다. 주의해서 기억해 두세요!

스파는 **몇** 층에 있나요?
水疗中心在**几**楼?

Shuǐliáo zhōngxīn zài jǐ lóu?

🎤 쉐이랴오 쫑신 짜이 지 러우

几 지는 10 언저리의 확실하지 않은 수를 물을 때 쓰는 의문사입니다. 핵심 표현 16에서 배운 几点……? 지 디엔~에서도 사용된 의문사예요. 우리말의 '몇'과 같은 뜻으로 이해할 수 있습니다. 의문사 几를 활용하면 시간 외에도 가고자 하는 장소가 건물의 몇 층인지, 또는 몇 번 버스를 타야 하는지, 지하철 몇 호선을 타야 하는지 등을 물을 수 있어요. 또한 '어느', '어떤'이라는 의미를 갖는 의문사 哪 나도 함께 알아 두면 유용한 단어입니다. 이번 챕터에서는 几와 哪를 사용하는 몇 가지 표현을 배워 봅시다.

여행지에서 몸의 피로를 풀기 위해 스파를 하는 것도 좋지만, 중국에서는 발 마사지 足疗 주랴오를 받아 볼 것을 추천합니다. 한국보다 저렴하게 발 마사지를 받을 수 있어요. 호텔 내에 마사지 샵이 마련되어 있는 경우도 있고, 여행사의 투어 패키지 안에 코스로 포함되는 경우도 있습니다.

★ 足疗 zúliáo 발 마사지

几/哪……?

몇/어느 [＿＿＿＿＿＿] 이죠?

스파는 몇 층에
있나요?

水疗中心在几楼?
Shuǐliáo zhōngxīn zài jǐ lóu?
쉐이랴오 쫑신 짜이 지 러우

몇 호선이
이허위엔으로 가죠?

去颐和园坐几号线?
Qù Yíhéyuán zuò jǐ hàoxiàn?
취 이허위엔 쭤 지 하오셴

쇼핑몰에 가려면
몇 번 버스를 타나요?*

去购物中心坐几路公共汽车?
Qù gòuwù zhōngxīn zuò jǐ lù gōnggòngqìchē?
취 꺼우우 쫑신 쭤 지 루 꽁꽁치처

몇 번 버스로
갈아타야 하죠?

应该换几路公共汽车?
Yīnggāi huàn jǐ lù gōnggòngqìchē?
잉까이 환 지 루 꽁꽁치처

몇 번 출구에서
만나죠?

在几号出口见面?
Zài jǐ hào chūkǒu jiànmiàn?
짜이 지 하오 추커우 쩬몐

몇 번 플랫폼에서
타나요?

在几号站台上车?
Zài jǐ hào zhàntái shàng chē?
짜이 지 하오 쩐타이 상 처

TIP
버스 번호가 두 자리 이하일 경우에는 일반적인 숫자 읽기 방식대로 읽고, 세 자리 이상일 경우에는 숫
자를 하나씩 따로 떼어 읽습니다. 이때 숫자 1은 一 yī 이가 아니고 幺 yāo 야오라고 읽는 것을 기억하
세요. 15번 버스는 十五路 스우 루, 301번 버스는 三零幺路 싼링야오 루라고 합니다.

几 jǐ 몇   哪 nǎ 어느, 어떤

어느 것이 로비로
가는 버튼이죠?

哪个是去大厅的按钮?
Nǎge shì qù dàtīng de ànniǔ?
나거 스 취 따팅 더 안니우

어느 것이 매운 맛이죠?

哪个是辣味的?
Nǎge shì là wèi de?
나거 스 라 웨이 더

어느 것이 최신형이죠?

哪个是最新款的?
Nǎge shì zuì xīnkuǎn de?
나거 스 쮀이 신콴 더

어느 쪽이 북쪽이죠?

哪边是北边?
Nǎ biān shì běibian?
나 삐엔 스 베이비엔

어느 쪽이 남성용이죠?

哪边是男士用的?
Nǎ biān shì nánshìyòng de?
나 삐엔 스 난스용 더

어느 쪽이 여성용이죠?

哪边是女士用的?
Nǎ biān shì nǚshìyòng de?
나 삐엔 스 뉘스용 더

어느 방향으로 가야 하죠?

应该走哪个方向呢?
Yīnggāi zǒu nǎge fāngxiàng ne?
잉까이 저우 나거 팡샹 너

호텔에서 위치 묻기

我的房间在几楼?

Wǒ de fángjiān zài jǐ lóu?

🎤 워 더 팡찌엔 짜이 지 러우

제 방은 몇 층이에요?

在7楼。请乘那边的电梯。

Zài qī lóu. Qǐng chéng nà biān de diàntī.

🎤 짜이 치 러우 칭 청 나 삐엔 더 뗀티

7층입니다. 저쪽에 있는 엘리베이터를 이용하세요.

水疗中心在几楼?

Shuǐliáo zhōngxīn zài jǐ lóu?

🎤 쉐이랴오 쫑신 짜이 지 러우

스파는 몇 층에 있죠?

水疗中心在19楼。

Shuǐliáo zhōngxīn zài shíjiǔ lóu.

🎤 쉐이랴오 쫑신 짜이 스지우 러우

스파는 19층에 있습니다.

谢谢。 Xièxie.

🎤 씨에시에

고맙습니다.

祝您愉快。

Zhù nín yúkuài.

🎤 쭈 닌 위콰이

즐거운 시간 보내세요.

리조트 객실 명칭 ①

시티뷰
시내 경관이 보이는 객실
市景房
shìjǐngfáng
스징팡 | city view

마운틴뷰
산이 보이는 객실
山景房
shānjǐngfáng
산징팡 | mountain view

가든뷰
리조트 정원이 보이는 객실
园景房
yuánjǐngfáng
위엔징팡 | garden view

풀뷰
풀장이 보이는 객실
池景房
chíjǐngfáng
츠징팡 | pool view

오션뷰
바다가 보이는 객실
海景房
hǎijǐngfáng
하이징팡 | ocean view / sea view

★18★
핵심 표현

드라이어가 고장이에요.

吹风机坏了。

Chuīfēngjī huài le.

🎤 췌이펑찌 화이 러

숙소에 체크인해서 객실을 안내받고 나면, 짐을 풀기 전 가장 먼저 해야 하는 일은 방 안의 시설물들이 잘 작동하는지, 고장 나 있거나 파손된 물건은 없는지 체크하는 것입니다. 만약 고장 난 물건이 있다면 바로 안내데스크나 숙소 주인에게 알리고 방을 바꿔 주거나 고장 난 물건을 교체, 혹은 수리해 줄 것을 요청하세요. 그래야 투숙 중 불편함이 없고, 또 이러한 파손과 고장에 대해 내가 엉뚱하게 책임을 뒤집어쓰는 경우를 피할 수 있기 때문입니다. 이때 사용하는 표현이 바로 ……坏了。 ~화이 러인데요. 이때의 坏 화이는 '고장 나다', '상하다'라는 뜻을 가진 형용사입니다.

······坏了。

이/가 고장이에요.

드라이어가 고장이에요.

吹风机坏了。
Chuīfēngjī huài le.
췌이펑찌 화이 러

텔레비전이 고장이에요.

电视坏了。
Diànshì huài le.
뗸스 화이 러

에어컨이 고장이에요.

空调坏了
Kōngtiáo huài le.
콩티아오 화이 러

리모컨이 고장이에요.

遥控器坏了。
Yáokòngqì huài le.
야오콩치 화이 러

냉장고가 고장이에요.

冰箱坏了。
Bīngxiāng huài le.
삥샹 화이 러

전등이 고장이에요.

灯坏了。
Dēng huài le.
떵 화이 러

세탁기가 고장이에요.

洗衣机坏了。
Xǐyījī huài le.
시이찌 화이 러

🎧 18-01

坏了 huài le 고장 났다, 상했다

샤워 호스가 고장이에요.

淋浴管子坏了。
Línyù guǎnzi huài le.
린위 관즈 화이 러

변기가 고장이에요.

马桶坏了。
Mǎtǒng huài le.
마통 화이 러

수도꼭지가 고장이에요.

水龙头坏了。
Shuǐlóngtóu huài le.
쉐이롱터우 화이 러

문고리가 고장이에요.

门把手坏了。
Ménbǎshǒu huài le.
먼바서우 화이 러

(문의) 자물쇠가 고장이에요.

门锁坏了。
Ménsuǒ huài le.
먼쒀 화이 러

휴대전화가 고장이에요.

手机坏了。
Shǒujī huài le.
서우찌 화이 러

➕ **플러스 단어** 핵심 패턴에 넣어 문장을 만들어 보세요! ··
스위치 开关 kāiguān 카이꽌   **엘리베이터** 电梯 diàntī 뗀티   **카드 키, 출입 카드** 门卡 ménkǎ 먼카
히터 暖器 nuǎnqì 누완치   **침대 매트리스** 床垫 chuángdiàn 촹뗀

회화 ★ 18 고장 난 것 해결하기

你好。我是1025号的郑先生。
Nǐ hǎo. Wǒ shì yāo líng èr wǔ hào de Zhèng xiānsheng.
🎤 니 하오 워 스 야오 링 얼 우 하오 더 쩡 시엔성
안녕하세요. 저는 1025호에 묵고 있는 정입니다.

这里的空调坏了。 Zhèli de kōngtiáo huài le.
🎤 쩌리 더 콩티아오 화이 러 여기 에어컨이 고장 났어요.

现在能来修吗? Xiànzài néng lái xiū ma?
🎤 셴짜이 넝 라이 시우 마 지금 고쳐 주실 수 있나요?

对不起，要到明天下午才能修理。
Duìbuqǐ, yào dào míngtiān xiàwǔ cái néng xiūlǐ.
🎤 뚜에이부치 야오 따오 밍티엔 샤우 차이 넝 시우리
죄송하지만 내일 오후에나 가능합니다.

那么能换房间吗? Nàme néng huàn fángjiān ma?
🎤 나머 넝 환 팡찌엔 마 그러면 방을 바꾸는 것은 가능한가요?

我确认一下。为了表示抱歉，给你换一个更好的房间。
Wǒ quèrèn yíxià. Wèile biǎoshì bàoqiàn,
gěi nǐ huàn yí ge gèng hǎo de fángjiān.
🎤 워 취에런 이샤 웨이러 비아오스 빠오쳰 게이 니 환 이 거 껑 하오 더 팡찌엔
확인해 볼게요. 문제가 생겼으니 더 좋은 방으로 드릴게요.

换到海景房。 Huàndào hǎijǐngfáng.
🎤 환따오 하이징팡 바다가 보이는 방으로 바꿔 드리겠습니다.

好的，谢谢。 Hǎo de, xièxie.
🎤 하오 더 씨에시에 좋아요. 고맙습니다.

리조트 객실 명칭 ②

더블 침대방이 2개인 풀빌라

双房大床泳池别墅

shuāngfáng dàchuáng yǒngchí biéshù

슈앙팡 따촹 용츠 비에수 | two bed pool villa

더블 침대방이 1개인 풀빌라

大床泳池别墅

dàchuáng yǒngchí biéshù

따촹 용츠 비에수 | one bed pool villa

바다 위의 빌라

水上别墅 / 海上别墅

shuǐshang biéshù / hǎishang biéshù

쉐이상 비에수 / 하이상 비에수 |
water villa / overwater villa

풀장으로 연결된 발코니가 있는 1층 객실

通往泳池的1楼客房

tōngwǎng yǒngchí de yī lóu kèfáng

통왕 용츠 더 이 러우 커팡 | pool access room

자쿠지(기포가 나오는 욕조)가 있는 객실

有按摩浴缸的客房

yǒu ànmó yùgāng de kèfáng

여우 안모 위깡 더 커팡 | Jacuzzi room

두통이 있어요.

我头疼。

Wǒ tóuténg.

🎤 워 터우텅

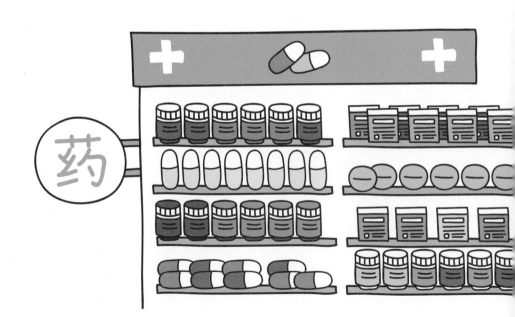

물과 잠자리가 바뀌고, 빡빡한 여행 일정을 소화하다 보면 몸이 아픈 경우가 발생하기도 합니다. 이럴 때에 대비해 몇 가지 비상약을 미리 준비해 가는 것이 좋습니다. 자신의 증상을 어떻게 말하는지 안다면 여행지의 약국이나 병원에 가서 도움을 받을 수도 있습니다. 이번 챕터에서는 증상을 나타내는 다양한 표현을 배워 봅시다.

중국의 약국에서는 처방전이 없어도 다양한 종류의 약을 구입할 수 있습니다. 약의 종류가 많아 어렵다면 약국 직원에게 증상을 설명하며 도움을 요청하세요. 또 중요한 것은 약의 복용법입니다. 식전 복용은 **饭前服** 판 치엔 푸, 식후 복용은 **饭后服** 판 허우 푸라고 하고, 하루 2회 복용은 **一天吃两次** 이티엔 츠 량 츠, 하루 3회 복용은 **一天吃三次** 이티엔 츠 싼 츠라고 합니다.

★ **饭前服** fàn qián fú 식전 복용, **饭后服** fàn hòu fú 식후 복용,
一天吃两次 yìtiān chī liǎng cì 하루 2회 복용, **一天吃三次** yìtiān chī sān cì 하루 3회 복용

我头疼。

我 + 증상

(저는) 증상 이/가 있어요.

✈

두통이 있어요.

我头疼。
Wǒ tóuténg.
워 터우텅

감기예요.

我感冒了。
Wǒ gǎnmào le.
워 간마오 러

배가 아파요.

我肚子疼。
Wǒ dùzi téng.
워 뚜즈 텅

설사를 해요.

我拉肚子。
Wǒ lā dùzi.
워 라 뚜즈

열이 나요.

我发烧了。
Wǒ fāshāo le.
워 파사오 러

기침이 나요.

我咳嗽。
Wǒ késou.
워 커서우

콧물이 나요.

我流鼻涕。
Wǒ liú bítì.
워 리우 비티

🎧 19-01

我 wǒ　나

소화 불량이에요.

我消化不良。
Wǒ xiāohuà bùliáng.
워 샤오화 뿌량

변비예요.

我便秘。
Wǒ biànmì.
워 뻰미

생리통이 있어요.

我痛经。
Wǒ tòngjīng.
워 통찡

치통이 있어요.

我牙疼。
Wǒ yáténg.
워 야텅

알레르기가 있어요.

我过敏。
Wǒ guòmǐn.
워 꿔민

멀미를 해요.

我晕车。
Wǒ yùnchē.
워 윈처

약국에서 약 사기

您好，要买什么？ Nín hǎo, yào mǎi shénme?
🎤 닌 하오 야오 마이 선머 안녕하세요. 무엇을 도와드릴까요?

你好，我要买感冒药。
Nǐ hǎo, wǒ yào mǎi gǎnmào yào.
🎤 니 하오 워 야오 마이 간마오 야오
안녕하세요. 저는 감기약을 좀 사고 싶어요.

你有什么症状？ Nǐ yǒu shénme zhèngzhuàng?
🎤 니 여우 선머 쩡쫭 증상이 어떤가요?

我咳嗽，嗓子也疼。 Wǒ késou, sǎngzi yě téng.
🎤 워 커서우 상즈 예 텅 기침이 나고 목도 아파요.

知道了。这个药片一天吃两次，早餐和晚餐后服用。
Zhīdào le. Zhège yàopiàn yìtiān chī liǎng cì, zǎocān hé wǎncān hòu fúyòng.
🎤 쯔따오 러 쩌거 야오펜 이티엔 츠 량 츠 자오찬 허 완찬 허우 푸융
알겠습니다. 이 알약을 하루에 두 번 드세요. 아침, 저녁 식사 후에요.

请注意这种药吃了会犯困。
Qǐng zhùyì zhè zhǒng yào chī le huì fànkùn.
🎤 칭 쭈이 쩌 종 야오 츠 러 훼이 판쿤
이 약은 졸릴 수 있으니 주의하세요.

知道了。 Zhīdào le.
🎤 쯔따오 러 알겠습니다.

★ 장가계 ★

张家界
Zhāngjiājiè
짱쨔쪠

후난성 띠지시의 중국 제1호 국가삼림공원. 기암괴봉이 펼쳐진 수려한 자연 경관으로 특히 한국 중년 관광객에게 인기가 높다. 한국에서는 한자 독음대로 '장가계'라는 명칭으로 더 널리 알려져 있으나, 중국에서는 장가계 삼림공원을 비롯, 일대의 자연보호구를 통틀어 **武陵源** Wǔlíngyuán 우링위엔이라고 부른다. 오랜 시간의 침식이 만들어 낸 독특한 바위 기둥과 봉우리가 일품인 아열대 산림 지역이다. 또한 폭포와 맑은 냇물, 석회암 동굴 등 천혜의 자연환경이라 일컬어질 만한 모든 조건을 갖추고 있다. 장가계에서 가장 높은 봉우리 **黃石寨** Huángshízhài 황스짜이는 이곳의 하이라이트로 엄청난 경관을 자랑한다. 케이블카를 이용해 오를 수 있다.

발목이 아파요.

脚腕疼。

Jiǎowàn téng.

🎤 지아오완 텅

아무리 낯선 국가를 여행하고 있더라도 여행 중 많이 아프면 병원에 가는 것이 현명합니다. 서툰 언어로 본인의 증상을 설명하는 것이 염려되겠지만, 무턱대고 참다가 증상을 더 악화시켜서는 안 되니까요. 증상을 설명할 수 있는 단어를 미리 충분히 찾아보고 의사선생님을 만날 것을 추천합니다.

진료 후 전체 비용을 한꺼번에 수납하는 우리나라 병원과는 달리, 중국 병원은 접수 비용을 먼저 결제해야 합니다. 그리고 나서 진료 후에 진료비와 검사비 등을 다시 한번 더 결제합니다. 또 우리나라 병원과 다른 점은 주사보다는 링거액을 투여해 주는 경우가 많다는 점인데요, 링거를 맞을 때 침대에 눕지 않고 의자에 앉는 것도 다른 점입니다.

참, 중국에서 병원에 갈 때는 신분증 역할을 해 줄 여권과 비자를 챙겨 가는 것, 잊지 마세요!

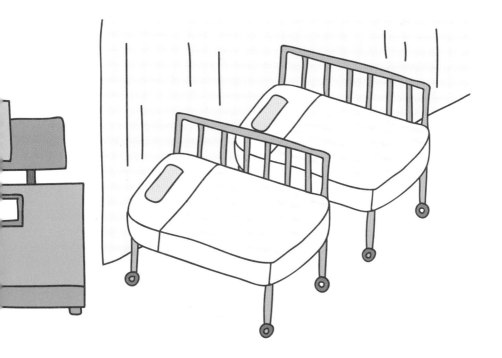

……疼。

[　　　　　　　]이/가 아파요.

발목이 아파요.

脚腕疼。
Jiǎowàn téng.
지아오완 텅

머리가 아파요.

头疼。
Tóuténg.
터우텅

목이 아파요.

脖子疼。
Bózi téng.
보즈 텅

어깨가 아파요.

肩膀疼。
Jiānbǎng téng.
찌엔방 텅

등이 아파요.

背疼。
Bèi téng.
뻬이 텅

허리가 아파요.

腰疼。
Yāo téng.
야오 텅

배가 아파요.

肚子疼。
Dùzi téng.
뚜즈 텅

疼 téng　　아프다

🎧 20-01

✈

팔이 아파요.	**胳膊**疼。 Gēbo téng. 꺼보 텅
손이 아파요.	**手**疼。 Shǒu téng. 서우 텅
손목이 아파요.	**手腕**疼。 Shǒuwàn téng. 서우완 텅
다리가 아파요.	**腿**疼。 Tuǐ téng. 퉤이 텅
무릎이 아파요.	**膝盖**疼。 Xīgài téng. 시까이 텅
종아리가 아파요.	**小腿**疼。 Xiǎotuǐ téng. 샤오퉤이 텅
발이 아파요.	**脚**疼。 Jiǎo téng. 지아오 텅

회화 ★ **20** 병원 진료 받기

我的脚腕疼。 Wǒ de jiǎowàn téng.
🎤 워 더 지아오완 텅 발목이 아파요.

有多久了？ Yǒu duō jiǔ le?
🎤 여우 뚸 지우 러
얼마나 오래 됐죠?

 从昨天晚上开始的。可能走路时崴了。
Cóng zuótiān wǎnshang kāishǐ de. Kěnéng zǒulù shí wǎi le.
🎤 총 쭤티엔 완상 카이스 더 커넝 저우루 스 와이 러
어젯밤부터요. 아무래도 걷다가 삔 것 같아요.

还有其他不舒服的吗？ Hái yǒu qítā bù shūfu de ma?
🎤 하이 여우 치타 뿌 수푸 더 마 다른 문제는 없고요?

 没有了。只是脚腕肿了。
Méiyǒu le. Zhǐshì jiǎowàn zhǒng le.
🎤 메이여우 러 즈스 지아오완 종 러
없어요. 단지 발목이 부었어요.

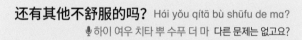

我劝你最少要休息两天。
Wǒ quàn nǐ zuì shǎo yào xiūxi liǎng tiān.
🎤 워 첸 니 쮀이 사오 야오 시우시 량 티엔
적어도 이틀 정도는 쉴 것을 권장합니다.

这个药一天吃三次，饭后服用。
Zhège yào yìtiān chī sān cì, fàn hòu fúyòng.
🎤 쩌거 야오 이티엔 츠 싼 츠 판 허우 푸용
이 약을 하루 세 번 식사 후 드세요.

★ 포탈라궁 ★

布达拉宫
Bùdálāgōng
뿌다라꽁

시짱자치구 라싸에 위치한 달라이라마의 궁전. 라싸의 계곡 한가운데 솟은 **红山** Hóngshān 홍산 위에 자리하고 있으며, 해발고도가 3700m에 달한다. 과거 티베트 왕조에 의해 세워졌으나 현재의 포탈라궁은 5대 달라이라마에 의해 재건된 것이며, 오늘날은 불교 사원이자 박물관의 역할을 하고 있다. 과거 달라이라마가 거주하던 백궁과 종교적 행사를 진행하던 중앙의 홍궁으로 설계된 포탈라궁은 독특한 건축 양식으로 유네스코 세계 문화유산으로 등재되었다. 1년 내내 관광객의 발길이 끊이지 않는 인기 관광지이나 최근 중국 정부는 관람객 수와 관람 시간을 엄격히 제한하며 포탈라궁의 보존에 힘쓰고 있다.

상황별 핵심 문장 24

교통, 호텔, 식당, 관광지, 상점, 기내 등
상황에 따라 여행지에서 한번쯤은 쓰게 되는
핵심 문장을 소개합니다.
외워 두고 알맞게 사용해 보세요!

01 이허위엔까지 몇 정거장 남았나요?

到颐和园还有几站?

Dào Yíhéyuán háiyǒu jǐ zhàn?

따오 이허위엔 하이여우 지 짠

02 이 길이 지하철역으로 가는 길인가요?

这是去地铁站的路吗?

Zhè shì qù dìtiě zhàn de lù ma?

쩌 스 취 띠티에 짠 더 루 마

03 길모퉁이 근처예요.

在拐角附近。

Zài guǎijiǎo fùjìn.
짜이 과이지아오 푸찐

04 공항으로 가는 버스가 있나요?

有去机场的大巴吗?

Yǒu qù jīchǎng de dàbā ma?
여우 취 찌창 더 따빠 마

05 이 버스가 위위엔으로 가는 거 맞아요?

这是去豫园的公共汽车吗?

Zhè shì qù Yùyuán de gōnggòngqìchē ma?

쩌 스 취 위위엔 더 꽁꽁치처 마

06 여기서 걸어갈 수 있나요?

从这里能走着去吗?

Cóng zhèli néng zǒuzhe qù ma?

총 쩌리 넝 저우저 취 마

07 19번 버스는 얼마마다 오나요?

19路公交车多长时间来一趟?

Shíjiǔ lù gōngjiāochē duō cháng shíjiān lái yí tàng?
스지우 루 꽁쨔오처 뛰 창 스찌엔 라이 이 탕

08 어느 정거장에서 내려야 하나요?

我应该在哪一站下车?

Wǒ yīnggāi zài nǎ yí zhàn xià chē?
워 잉까이 짜이 나 이 짠 샤 처

지도상에서 제가 위치한 곳이 어디죠?

我在地图上的哪个位置?

Wǒ zài dìtú shang de nǎge wèizhì?

워 짜이 띠투 상 더 나거 웨이쯔

걸어서 얼마나 걸리나요?

走着去需要多长时间?

Zǒuzhe qù xūyào duō cháng shíjiān?

저우저 취 쉬야오 뚸 창 스찌엔

10 최정원(崔庭園)으로 예약했습니다.

是用崔庭园的名字预订的。

Shì yòng Cuī Tíngyuán de míngzi yùdìng de.

스 용 췌이 팅위엔 더 밍즈 위띵 더

3일간 예약했어요.

预订了3天。

Yùdìng le sān tiān.

위띵 러 싼 티엔

제 예약에 아침 식사가 포함되어 있나요?

我预订的包含早餐吗?

Wǒ yùdìng de bāohán zǎocān ma?

워 위띵 더 빠오한 자오찬 마

11 문이 잠겨버렸어요.

门被锁住了。

Mén bèi suǒzhù le.

먼 뻬이 쉬쭈 러

문 좀 열어 주시겠어요?

能帮我开一下门吗?

Néng bāng wǒ kāi yíxià mén ma?

넝 빵 워 카이 이샤 먼 마

12 얼마나 기다려야 하나요?

请问要等多久?

Qǐngwèn yào děng duō jiǔ?

칭원 야오 덩 뚸 지우

13 주문을 바꿀 수 있나요?

我点的菜能换吗?

Wǒ diǎn de cài néng huàn ma?

워 디엔 더 차이 넝 환 마

14 이건 제가 주문한 것이 아닌데요.

这不是我点的菜。

Zhè bú shì wǒ diǎn de cài.
쩌 부 스 워 디엔 더 차이

15 디저트가 무엇인가요?

饭后甜点是什么?

Fàn hòu tiándiǎn shì shénme?
판 허우 티엔디엔 스 선머

16 여기서 계산하나요?

在这里结账吗?

Zài zhèli jiézhàng ma?
짜이 쩌리 지에짱 마

영수증 좀 주세요.

请开收据。

Qǐng kāi shōujù.
칭 카이 서우쮜

거스름돈은 필요 없습니다.

不用找了。

Búyòng zhǎo le.
부용 자오 러

17 줄 서신 건가요?

您在排队吗?

Nín zài páiduì ma?

닌 짜이 파이뚸이 마

18 몸 전체가 다 나오게 사진을 찍어 주세요.

请帮我拍张全身照。

Qǐng bāng wǒ pāi zhāng quánshēn zhào.

칭 빵 워 파이 짱 취엔션 짜오

19 가격표를 떼어 주실래요?

能帮我摘掉价格表吗?

Néng bāng wǒ zhāidiào jiàgébiǎo ma?

넝 빵 워 짜이땨오 쨔거비아오 마

20 비용에 문제가 있습니다.

这个费用有问题。

Zhège fèiyong yǒu wèntí.

쩌거 페이용 여우 원티

21 실례지만 제 자리에 앉으신 것 같은데요.

对不起, 您坐的是我的座位。

Duìbuqǐ, nín zuò de shì wǒ de zuòwèi.
뚜이부치 닌 쭤 더 스 워 더 쭤웨이

22 제 의자 좀 눕혀도 될까요?

我可以把座椅放平吗?

Wǒ kěyǐ bǎ zuòyǐ fàngpíng ma?
워 커이 바 쭤이 팡핑 마

23 언제 식사가 나오나요?

什么时候开始用餐?

Shénme shíhou kāishǐ yòngcān?

선머 스허우 카이스 용찬

24 식탁용 테이블을 접어 주세요.

请收起小桌板。

Qǐng shōuqǐ xiǎo zhuōbǎn.

칭 서우치 샤오 쮀반

딱 필요한
핵심 부록

중국 행정구획도
기초 중국어 단어
상황별 여행지 단어 노트

중국 행정구획도

베이징
北京

닝샤
宁夏

신장
新疆

간쑤
甘肃

네이멍구
内蒙古

헤이룽장
黑龙江

지린
吉林

랴오닝
辽宁

칭하이
青海

산시
山西

허베이
河北

톈진
天津

산둥
山东

티베트
西藏

산시
陕西

허난
河南

장쑤
江苏

쓰촨
四川

후베이
湖北

안후이
安徽

상하이
上海

충칭
重庆

구이저우
贵州

후난
湖南

장시
江西

저장
浙江

윈난
云南

광시
广西

광둥
广东

푸젠
福建

타이완
台湾

홍콩
香港

마카오
澳门

하이난 海南

■ 성　　　　■ 자치구　　　　● 직할시　　　　● 특별행정구

기초 중국어 단어

숫자

1	一 yī	이
2	二 èr	얼
3	三 sān	싼
4	四 sì	쓰
5	五 wǔ	우
6	六 liù	류
7	七 qī	치
8	八 bā	빠
9	九 jiǔ	지우
10	十 shí	스
11	十一 shíyī	스이
12	十二 shí'èr	스얼
13	十三 shísān	스싼
14	十四 shísì	스쓰
15	十五 shíwǔ	스우
16	十六 shíliù	스류
17	十七 shíqī	스치
18	十八 shíbā	스빠
19	十九 shíjiǔ	스지우
20	二十 èrshí	얼스
30	三十 sānshí	싼스
40	四十 sìshí	쓰스
50	五十 wǔshí	우스
60	六十 liùshí	류스
70	七十 qīshí	치스
80	八十 bāshí	빠스
90	九十 jiǔshí	지우스
100	一百 yìbǎi	이바이
1000	一千 yìqiān	이치엔
10000	一万 yíwàn	이완

월

1월	一月 yī yuè	이 위에
2월	二月 èr yuè	얼 위에
3월	三月 sān yuè	싼 위에
4월	四月 sì yuè	쓰 위에
5월	五月 wǔ yuè	우 위에
6월	六月 liù yuè	류 위에
7월	七月 qī yuè	치 위에
8월	八月 bā yuè	빠 위에
9월	九月 jiǔ yuè	지우 위에
10월	十月 shí yuè	스 위에
11월	十一月 shíyī yuè	스이 위에
12월	十二月 shí'èr yuè	스얼 위에

요일

월요일	星期一 xīngqīyī	싱치이
화요일	星期二 xīngqī'èr	싱치얼
수요일	星期三 xīngqīsān	싱치싼
목요일	星期四 xīngqīsì	싱치쓰
금요일	星期五 xīngqīwǔ	싱치우
토요일	星期六 xīngqīliù	싱치류
일요일	星期天/星期日 xīngqītiān / xīngqīrì	싱치티엔 / 싱치르

1일	**一号** yī hào	이 하오		16일	**十六号** shíliù hào	스류 하오
2일	**二号** èr hào	얼 하오		17일	**十七号** shíqī hào	스치 하오
3일	**三号** sān hào	싼 하오		18일	**十八号** shíbā hào	스빠 하오
4일	**四号** sì hào	쓰 하오		19일	**十九号** shíjiǔ hào	스지우 하오
5일	**五号** wǔ hào	우 하오		20일	**二十号** èrshí hào	얼스 하오
6일	**六号** liù hào	류 하오		21일	**二十一号** èrshíyī hào	얼스이 하오
7일	**七号** qī hào	치 하오		22일	**二十二号** èrshí'èr hào	얼스얼 하오
8일	**八号** bā hào	빠 하오		23일	**二十三号** èrshísān hào	얼스싼 하오
9일	**九号** jiǔ hào	지우 하오		24일	**二十四号** èrshísì hào	얼스쓰 하오
10일	**十号** shí hào	스 하오		25일	**二十五号** èrshíwǔ hào	얼스우 하오
11일	**十一号** shíyī hào	스이 하오		26일	**二十六号** èrshíliù hào	얼스류 하오
12일	**十二号** shí'èr hào	스얼 하오		27일	**二十七号** èrshíqī hào	얼스치 하오
13일	**十三号** shísān hào	스싼 하오		28일	**二十八号** èrshíbā hào	얼스빠 하오
14일	**十四号** shísì hào	스쓰 하오		29일	**二十九号** èrshíjiǔ hào	얼스지우 하오
15일	**十五号** shíwǔ hào	스우 하오		30일	**三十号** sānshí hào	싼스 하오
				31일	**三十一号** sānshíyī hào	싼스이 하오

봄	春天 chūntiān	춘티엔	가을	秋天 qiūtiān	치우티엔
여름	夏天 xiàtiān	샤티엔	겨울	冬天 dōngtiān	똥티엔

방금	刚才 gāngcái	깡차이	정오	中午 zhōngwǔ	쫑우
지금	现在 xiànzài	셴짜이	오후	下午 xiàwǔ	샤우
나중에	以后 yǐhòu	이허우	지난주	上个星期 shàng ge xīngqī	상 거 싱치
그저께	前天 qiántiān	치엔티엔	이번 주	这个星期 zhège xīngqī	쩌거 싱치
어제	昨天 zuótiān	쭤티엔	다음 주	下个星期 xià ge xīngqī	샤 거 싱치
오늘	今天 jīntiān	찐티엔	지난달	上个月 shàng ge yuè	상 거 위에
내일	明天 míngtiān	밍티엔	이번 달	这个月 zhège yuè	쩌거 위에
모레	后天 hòutiān	허우티엔	다음 달	下个月 xià ge yuè	샤 거 위에
아침	早上 zǎoshang	자오상	작년	去年 qùnián	취니엔
낮	白天 báitiān	바이티엔	올해	今年 jīnnián	찐니엔
저녁	晚上 wǎnshang	완상	내년	明年 míngnián	밍니엔
오전	上午 shàngwǔ	상우			

누구	谁 shéi	세이
언제	什么时候 shénme shíhou	선머 스허우
어디	哪儿 nǎr	날

어떻게	怎么 zěnme	전머
왜	为什么 wèi shénme	웨이 선머
무엇	什么 shénme	선머

방위

오른쪽	右边 yòubian	여우비엔
왼쪽	左边 zuǒbian	쭤비엔
앞	前边 qiánbian	치엔비엔
뒤	后边 hòubian	허우비엔
위	上边 shàngbian	상비엔
아래	下边 xiàbian	샤비엔
옆	旁边 pángbiān	팡삐엔
동쪽	东边 dōngbian	똥비엔
서쪽	西边 xībian	시비엔
남쪽	南边 nánbian	난비엔
북쪽	北边 běibian	베이비엔
맞은편	对面 duìmiàn	뛔이몐
이쪽	这边 zhè biān	쩌 삐엔
저쪽	那边 nà biān	나 삐엔

색깔

빨간색	红色 hóngsè	홍써
주황색	橘色 júsè	쥐써
노란색	黄色 huángsè	황써
초록색	绿色 lǜsè	뤼써
파란색	蓝色 lánsè	란써
보라색	紫色 zǐsè	즈써
분홍색	粉红色 fěnhóngsè	펀홍써
갈색	棕色 zōngsè	쫑써
회색	灰色 huīsè	훼이써
흰색	白色 báisè	바이써
검은색	黑色 hēisè	헤이써

• 상황별 여행지 단어 노트

① 공항 / 기내			
비행기	飞机	fēijī	페이찌
비행기표	机票	jīpiào	찌퍄오
편도	单程	dānchéng	딴청
왕복	往返	wǎngfǎn	왕판
출발	出发	chūfā	추파
도착	到达	dàodá	따오다
이륙	起飞	qǐfēi	치페이
착륙	降落	jiàngluò	쨩뤄
여권	护照	hùzhào	후짜오
비자	签证	qiānzhèng	치엔쩡
체크인	登机手续	dēngjī shǒuxù	떵찌 서우쉬
이코노미석	经济舱	jīngjìcāng	찡찌창
비즈니스석	商务舱	shāngwùcāng	상우창
일등석	头等舱	tóuděngcāng	터우떵창
수하물	行李	xíngli	싱리
여행 가방	行李箱	xínglixiāng	싱리샹
탑승	登机	dēngjī	떵찌
항공사	航空公司	hángkōng gōngsī	항콩 꽁쓰
국내선	国内线	guónèixiàn	궈네이셴
국제선	国际线	guójìxiàn	궈찌셴
탑승구, 게이트	登机口	dēngjīkǒu	떵찌커우

비행기 편명	**航班**	hángbān	항빤
환승	**换乘 / 转机**	huànchéng / zhuǎnjī	환청 / 좐찌
세관	**海关**	hǎiguān	하이꽌
출입국 수속	**出入境手续**	chūrùjìng shǒuxù	추루찡 서우쉬
보안 검사	**安全检查**	ānquán jiǎnchá	안취엔 지엔차
검역	**检疫**	jiǎnyì	지엔이
국적	**国籍**	guójí	궈지
면세점	**免税店**	miǎnshuìdiàn	미엔쉐이뗸
수하물 수취 구역	**行李提取区**	xínglí tíqǔqū	싱리 티취취
승객	**乘客**	chéngkè	청커
좌석	**座位**	zuòwèi	쭤웨이
좌석 번호	**座位号码**	zuòwèi hàomǎ	쭤웨이 하오마
창가쪽 좌석	**靠窗位**	kàochuāngwèi	카오촹웨이
복도쪽 좌석	**靠通道位**	kàotōngdàowèi	카오통따오웨이
비상구 열 좌석	**紧急出口座位**	jǐnjí chūkǒu zuòwèi	진지 추커우 쭤웨이
비상구	**紧急出口**	jǐnjí chūkǒu	진지 추커우
화장실	**洗手间**	xǐshǒujiān	시서우찌엔
안전벨트	**安全带**	ānquándài	안취엔따이
구명조끼	**救生衣**	jiùshēngyī	쮸성이
비행기 멀미	**晕机**	yùnjī	윈찌
멀미봉지	**清洁袋**	qīngjiédài	칭지에따이

승무원	**乘务员**	chéngwùyuán	청우위엔
기내식	**机餐**	jīcān	찌찬

② 교통			
택시	**出租车**	chūzūchē	추쭈처
(택시) 기본 요금	**起(步)价**	qǐ(bù)jià	치(뿌)쨔
요금	**车费**	chēfèi	처페이
미터기	**计程器**	jìchéngqì	찌청치
내비게이션	**导航**	dǎoháng	다오항
영수증	**发票**	fāpiào	파퍄오
거스름돈	**零钱**	língqián	링치엔
주소	**地址**	dìzhǐ	띠즈
기사	**司机**	sījī	쓰찌
버스	**公共汽车 / 公交车**	gōnggòngqìchē / gōngjiāochē	꿍꿍치처 / 꿍쨔오처
버스 정류장	**公共汽车站 / 公交车站**	gōnggòngqìchē zhàn / gōngjiāochē zhàn	꿍꿍치처 짠 / 꿍쨔오처 짠
정류장 표지판	**站牌**	zhànpái	짠파이
공항버스	**机场巴士**	jīchǎng bāshì	찌창 빠스
지하철	**地铁**	dìtiě	띠티에
지하철역	**地铁站**	dìtiě zhàn	띠티에 짠
승강장	**站台**	zhàntái	짠타이
노선	**路线**	lùxiàn	루셴

지하철 노선도	**地铁路线图**	dìtiě lùxiàntú	띠티에 루셴투
교통카드	**交通卡 / 一卡通**	jiāotōngkǎ / yìkǎtōng	쨔오통카 / 이카통
기차	**火车**	huǒchē	훠처
기차역	**火车站**	huǒchē zhàn	훠처 짠
기차표	**火车票**	huǒchē piào	훠처 퍄오
매표소	**售票处**	shòupiàochù	서우퍄오추
편도	**单程**	dānchéng	딴청
왕복	**往返**	wǎngfǎn	왕판
첫차	**头班车**	tóubānchē	터우빤처
막차	**末班车**	mòbānchē	모빤처
대합실	**候车室**	hòuchēshì	허우처스
승차하다	**上车**	shàng chē	상 처
하차하다	**下车**	xià chē	샤 처
길을 건너다	**过马路**	guò mǎlù	꿔 마루
직진하다	**一直走**	yìzhí zǒu	이즈 저우
좌회전하다	**往左拐**	wǎng zuǒ guǎi	왕 쮜 과이
우회전하다	**往右拐**	wǎng yòu guǎi	왕 여우 과이
차가 막히다	**堵车**	dǔchē	두처
러시아워	**高峰期**	gāofēngqī	까오펑치
인도	**人行道**	rénxíngdào	런싱따오
차도	**车道**	chēdào	처따오
횡단보도	**人行横道**	rénxíng héngdào	런싱 헝따오
신호등	**红绿灯**	hónglǜdēng	홍뤼떵

사거리	**十字路口**	shízì lùkǒu	스쯔 루커우

③ 식당			
메뉴	**菜单 / 菜谱**	càidān / càipǔ	차이딴 / 차이푸
주문하다/주문	**点菜**	diǎn cài	디엔 차이
종업원	**服务员**	fúwùyuán	푸우위엔
계산서	**买单 / 结账**	mǎidān / jiézhàng	마이딴 / 지에짱
영수증	**收据 / 发票**	shōujù / fāpiào	서우쥐 / 파퍄오
현금	**现金**	xiànjīn	셴찐
신용카드	**信用卡**	xìnyòngkǎ	신용카
잔돈	**零钱**	língqián	링치엔
팁	**小费**	xiǎofèi	샤오페이
추천하다/추천	**推荐**	tuījiàn	퉤이쩬
대표 요리	**拿手菜**	náshǒucài	나서우차이
세트	**套餐**	tàocān	타오찬
작은 접시	**碟子**	diézi	디에즈
큰 접시	**盘子**	pánzi	판즈
숟가락	**勺子**	sháozi	샤오즈
젓가락	**筷子**	kuàizi	콰이즈
포크	**叉子**	chāzi	차즈
나이프	**餐刀**	cāndāo	찬따오
컵	**杯子**	bēizi	뻬이즈
냅킨	**餐巾纸**	cānjīnzhǐ	찬찐즈

물티슈	湿巾	shījīn	스찐
빨대	吸管	xīguǎn	시관
병따개	起子	qǐzi	치즈
볶다	炒	chǎo	차오
튀기다	炸	zhá	자
지지다	煎	jiān	찌엔
굽다	烤	kǎo	카오
찌다	蒸	zhēng	쩡
삶다, 끓이다	煮	zhǔ	주
고다	炖	dùn	뚠
훈제하다	熏	xūn	쉰
무치다	拌	bàn	빤
맛있다	好吃	hǎochī	하오츠
맛없다	不好吃	bù hǎochī	뿌 하오츠
짜다	咸	xián	시엔
싱겁다	淡	dàn	딴
달다	甜	tián	티엔
쓰다	苦	kǔ	쿠
시다	酸	suān	쏸
맵다	辣	là	라
느끼하다	腻	nì	니
신선하다	新鲜	xīnxiān	신시엔
뜨겁다	烫	tàng	탕

차갑다	**凉**	liáng	량
아침 식사	**早饭**	zǎofàn	자오판
점심 식사	**午饭**	wǔfàn	우판
저녁 식사	**晚饭**	wǎnfàn	완판
브런치	**早午饭 / 早中饭**	zǎowǔfàn / zǎozhōngfàn	자오우판 / 자오쭝판
뷔페	**自助餐**	zìzhùcān	쯔쭈찬
먹다	**吃**	chī	츠
요리하다	**做菜**	zuò cài	쭤 차이

④ 호텔			
호텔(고급)	**饭店**	fàndiàn	판뗸
호텔(고급)	**酒店**	jiǔdiàn	지우뗸
호텔(중급)	**宾馆**	bīnguǎn	삔관
호텔(중급)	**大厦**	dàshà	따사
체크인	**入住/登记入住**	rùzhù / dēngjì rùzhù	루쭈 / 떵찌 루쭈
체크아웃	**退房**	tuì fáng	퉤이 팡
프런트	**服务台 / 前台**	fúwùtái / qiántái	푸우타이 / 치엔타이
예약	**预订**	yùdìng	위띵
보증금	**押金**	yājīn	야찐
객실	**客房**	kèfáng	커팡
객실 호수	**房间号码**	fángjiān hàomǎ	팡찌엔 하오마
싱글룸	**单人房 / 单人间**	dānrénfáng / dānrénjiān	딴런팡 / 딴런찌엔

트윈룸	双人双床房	shuāngrén shuāngchuángfáng	슈앙런 슈앙촹팡
더블룸	双人大床房	shuāngrén dàchuángfáng	슈앙런 따촹팡
싱글 침대	单人床	dānrén chuáng	딴런 촹
더블 침대	双人床	shuāngrén chuáng	슈앙런 촹
스탠다드룸	标准间	biāozhǔnjiān	뱌오준찌엔
디럭스룸	豪华房	háohuáfáng	하오화팡
스위트룸	豪华套房	háohuá tàofáng	하오화 타오팡
룸서비스	客房服务	kèfáng fúwù	커팡 푸우
팁	小费	xiǎofèi	샤오페이
신분증	身份证	shēnfènzhèng	선펀쩡
여권	护照	hùzhào	후짜오
비자	签证	qiānzhèng	치엔쩡
서명	签名	qiānmíng	치엔밍
신용카드	信用卡	xìnyòngkǎ	신용카
현금	现金	xiànjīn	셴찐
선불	预付	yùfù	위푸
객실 열쇠	钥匙	yàoshi	야오스
객실 카드	房卡	fángkǎ	팡카
조식	早餐	zǎocān	자오찬
식당	餐厅	cāntīng	찬팅
스파	水疗	shuǐliáo	쉐이랴오
헬스장	健身房	jiànshēnfáng	쪤선팡

| 모닝콜 | **叫醒电话** | jiàoxǐng diànhuà | 쨔오싱 뗸화 |
| 엘리베이터 | **电梯** | diàntī | 뗸티 |

⑤ 관광			
관광 안내소	**旅游咨询处**	lǚyóu zīxúnchù	뤼여우 쯔쉰추
관광 안내책자	**观光手册**	guānguāng shǒucè	꽌꽝 서우처
가이드북	**旅行指南**	lǚxíng zhǐnán	뤼싱 즈난
가이드	**导游**	dǎoyóu	다오여우
오디오 가이드	**语音导游 / 录音导游**	yǔyīn dǎoyóu / lùyīn dǎoyóu	위인 다오여우 / 루인 다오여우
여행사	**旅行社**	lǚxíngshè	뤼싱서
지도	**地图**	dìtú	띠투
명승고적	**名胜古迹**	míngshèng gǔjì	밍성 구찌
관광지	**景点**	jǐngdiǎn	징디엔
박물관	**博物馆**	bówùguǎn	보우관
미술관	**美术馆**	měishùguǎn	메이슈관
전시회	**展览会**	zhǎnlǎnhuì	잔란훼이
박람회	**博览会**	bólǎnhuì	보란훼이
팸플릿	**小册子**	xiǎocèzi	샤오처즈
축제	**庆典**	qìngdiǎn	칭디엔
공연장	**剧场**	jùchǎng	쮜창
일일 투어	**一日游**	yírìyóu	이르여우
반일 투어	**半日游**	bànrìyóu	빤르여우

하루 세 코스 관광	一日三游	yí rì sān yóu	이 르 싼 여우
하루 다섯 코스 관광	一日五游	yí rì wǔ yóu	이 르 우 여우
집합 시간	集合时间	jíhé shíjiān	지허 스찌엔
출발 시간	出发时间	chūfā shíjiān	추파 스찌엔
입장권	门票	ménpiào	먼퍄오
관람권	参观券	cānguānquàn	찬꽌취엔
티켓값	票价	piàojià	퍄오쟈
할인	打折	dǎzhé	다저
무료	免费	miǎnfèi	미엔페이
성인	大人	dàren	따런
어린이	儿童	értóng	얼통
외국인 전용 티켓	外宾票	wàibīn piào	와이삔 퍄오
관광버스	旅游车	lǚyóuchē	뤼여우처
성수기	旺季	wàngjì	왕찌
비수기	淡季	dànjì	딴찌
기념품 가게	纪念品商店	jìniànpǐn shāngdiàn	찌녠핀 상뗸
기념품	纪念品	jìniànpǐn	찌녠핀
특산품	特产	tèchǎn	터찬
엽서	明信片	míngxìnpiàn	밍신펜
열쇠고리	钥匙链	yàoshiliàn	야오스롄
자석	磁铁	cítiě	츠티에
장식품	装饰品	zhuāngshìpǐn	쫭스핀
디저트	甜点	tiándiǎn	티엔디엔

사진 촬영 금지	**禁止拍照**	jìnzhǐ pāizhào	찐즈 파이짜오
동영상 촬영 금지	**禁止录像**	jìnzhǐ lùxiàng	찐즈 루샹
플래시 사용 금지	**禁止使用闪光灯**	jìnzhǐ shǐyòng shǎnguāngdēng	찐즈 스용 산꽝떵
출입 금지	**禁止入内**	jìnzhǐ rùnèi	찐즈 루네이
여행객 출입 금지	**游人止步**	yóurén zhǐbù	여우런 즈뿌
만지지 마세요	**请勿动手**	qǐng wù dòngshǒu	칭 우 똥서우
침 뱉지 마세요	**请勿吐痰**	qǐng wù tǔtán	칭 우 투탄
위반하면 벌금	**违者罚款**	wéizhě fákuǎn	웨이저 파콴
페인트 주의	**油漆未干**	yóuqī wèi gān	여우치 웨이 깐
발밑 조심	**小心脚下**	xiǎoxīn jiǎoxià	샤오신 지아오샤

⑥ 기타

은행	**银行**	yínháng	인항
현금인출기	**自动提款机**	zìdòng tíkuǎnjī	쯔똥 티콴찌
환전	**换钱**	huànqián	환치엔
환율	**汇率**	huìlǜ	훼이뤼
우체국	**邮局**	yóujú	여우쥐
경찰서	**公安局**	gōng'ānjú	꽁안쥐
경찰관	**警察**	jǐngchá	징차
분실하다	**丢**	diū	띠우
도난당하다	**被偷了**	bèi tōu le	뻬이 터우 러
길을 잃다	**迷路**	mílù	미루

교통사고	**交通事故**	jiāotōng shìgù	쨔오통 스꾸
대사관	**大使馆**	dàshǐguǎn	따스관
대사	**大使**	dàshǐ	따스
구급차	**救护车**	jiùhùchē	쮸후처
응급실	**急诊室**	jízhěnshì	지전스
병원	**医院**	yīyuàn	이위엔
약국	**药店**	yàodiàn	야오뗀
의사	**医生**	yīshēng	이성